ENSEIGNEMENTS

ET CONSOLATIONS

ATTACHÉS

A NOS DERNIERS DÉSASTRES

PARIS. — IMPRIMERIE VICTOR GOUPY, 5, RUE GARANCIÈRE.

ENSEIGNEMENTS

ET

CONSOLATIONS

ATTACHÉS

A NOS DERNIERS DÉSASTRES

PAR

Mgr L'ÉVÊQUE DE NIMES

PARIS

VICTOR PALMÉ, LIBRAIRE-ÉDITEUR

25, RUE DE GRENELLE-SAINT-GERMAIN, 25

1872.

AVANT-PROPOS

Dans les calamités inouïes dont l'invasion prussienne et la révolution, tour à tour instruments de la colère divine, viennent de nous accabler, il y a deux parts à faire. L'une se rapporte à l'Empire, tombé sous la double honte de l'imprévoyance et de la défaite, pour avoir, de concert avec le Piémont, conspiré contre le pouvoir temporel du Saint-Siége, et préparé par d'odieuses trahisons la grande et dernière iniquité du 20 septembre. La seconde part de nos malheurs regarde la France elle-même qui, s'étant rendue coupable de fautes immenses envers le Seigneur et son Christ, a fini par rencontrer, comme les gouvernements dont elle a servi les passions et partagé les torts, un châtiment proportionné à l'énormité de ses crimes.

Tel est le double tableau que nous allons esquisser à grands traits. Nous en avions promis le développement pour l'heure où le calme serait rentré dans les esprits et dans les choses. Certes cette pacification n'est pas encore absolue. Quand on regarde au ciel, il faut bien y reconnaître des restes de nuages sinistres et divers signes annonçant comme possible le réveil même prochain de la tempête. Malgré cela, nous jouissons d'une tranquillité temporaire. Elle est loin de nous autoriser à bannir la crainte ; mais elle nous suffit au moins pour étudier, avec liberté d'esprit et profit pour nos âmes, les mystères cachés sous les maux que, depuis un an, la main vengeresse de la Providence nous a condamnés à souffrir.

Deux pensées, dans l'une et l'autre partie de cette étude, formeront le cadre de notre travail. — Dieu nous a frappés de maux sans exemple, et nous verrons que nous n'avons ni le droit de nous en plaindre, ni même celui de nous en étonner.—Dieu n'a pas dédaigné de nous laisser, dans nos douleurs, des consolations et des espérances ; et nous verrons, après les avoir énumérées, par quels moyens nous pouvons nous en assurer le fruit.

ENSEIGNEMENTS

ET CONSOLATIONS

ATTACHÉS

A NOS DERNIERS DÉSASTRES

PREMIÈRE PARTIE

ENSEIGNEMENTS ET CONSOLATIONS
ATTACHÉS A LA CHUTE DE L'EMPIRE

Au-dessus même de ce roi de Prusse qui, nouvellement couronné du titre d'empereur d'Allemagne, campait, il n'y a pas longtemps encore, sous les murs de Paris, il est un souverain sur lequel, quoique détrôné, se concentrent les regards et les préoccupations du monde : c'est l'auguste prisonnier du Vatican. Il n'est pas un esprit sérieux qui ne sente que Pie IX, bien plus que Guillaume, porte dans ses mains et la clef du présent, et le nœud de l'avenir. C'est par ses infortunes que s'expliquent les foudroyantes victoires des armées germaniques, la captivité de Cassel et les désastres inouïs de la France. C'est aussi, grâce à la place privilégiée faite à ses intérêts dans les conseils de la Providence, que nous assistons, sinon sans douleur au moins sans inquiétude, à l'apparent scandale des triomphes dont s'enivre aujourd'hui l'envahisseur de Rome. De sombres nuages, sortis des succès mêmes de Victor Emmanuel, tiennent la foudre suspendue sur sa tête. Il est le possesseur du Capitole ; mais, sans qu'il s'en doute, il glisse déjà vers la Roche Tarpéienne. On dirait que le Tibre se refuse à le supporter sur ses rivages. Les deux jours où ce monarque et son fils aîné, le prince Humbert, ont franchi pour la première fois la porte de la Ville Sainte, le fleuve a protesté par d'horribles inondations contre le crime de leur présence [1] ; et c'est là le symbole et le présage d'un autre dé-

---

1. Voir *Unità cattolica*, 1870, n° 302. — *Id.*, 1871, n° 6, 32.

bordement, que le Maître des vents et des flots dé-
chaînera tôt ou tard contre eux, pour les emporter dans le gouffre d'un opprobre éternel.

Pie IX sera-t-il témoin de cette catastrophe,
destinée à venger les nouveaux outrages infligés
à son diadème de Pontife et de Roi? Nous en
avons le désir et l'espérance. Mais en attendant,
nous voyons en lui s'opérer un consolant prodige. Sa physionomie était déjà si belle qu'il semblait impossible d'ajouter à son éclat. Dieu pourtant a trouvé sans effort le secret d'introduire un
surcroît de majesté dans cette noble figure; et
pour en mieux faire ressortir la grandeur par la
puissance de l'opposition, il l'a placée, devant
les yeux du monde, entre le captif de Wilhemshœhe et l'usurpateur du Quirinal, c'est-à-dire
entre les humiliations de la force vaincue, et
celles peut-être plus honteuses encore de la force
victorieuse.

Tel est le contraste que nous allons étudier
ensemble.

Devant la force victorieuse, nous sommes parfaitement à l'aise. Nous le sommes moins en pré-

sence de la force vaincue, par la raison même qu'elle est vaincue. Cependant deux motifs nous donnent le droit et le courage de parler avec la liberté d'un évêque, sans oublier le respect que méritent toujours de hautes infortunes. Le premier, c'est qu'au moment où la force était encore debout, nous l'avons avertie de sa chute inévitable, et qu'après avoir annoncé cette ruine, il nous est bien permis d'en interroger la profondeur. Le second, c'est que nous y sommes autorisé par l'exemple des prophètes. Qui de nous n'a contemplé le grand Isaïe penché sur le cadavre abattu du roi de Babylone ; et décrivant, détail par détail, les meurtrissures et les ignominies de ce colosse, dont le renversement a fait sentir ses contre-coups jusqu'au fond des enfers [1]? Dans tous les événements de cette nature, Dieu dont ils sont l'ouvrage dépose des enseignements que les Docteurs des peuples ont le devoir et la mission de leur faire comprendre.

Nous ne pousserons cette étude que jusqu'à la

____

1. *Isaïe*, XIV, 1-26.

révolution du 4 septembre, pour ce qui tient à la France. Les faits qui se sont accomplis depuis cette date, au sein de notre patrie désolée, seront l'objet d'un travail à part, que nous nous empresserons de composer et de vous transmettre, dès que la Providence aura dit son dernier mot dans la crise qui nous agite. — Pour l'Italie, nous avons suivi la succession des choses telle qu'elle s'est déroulée jusqu'à l'heure où nous avons dû clore et signer cette lettre pastorale.

I. — *Chute de l'Empire annoncée.*

Laissez-nous, Très-Chers Confrères, empruntant le langage du grand Apôtre, vous dire « une parole insensée, » *In insipientia dico* [1]. Nous avons bien moins de droits encore que le fils de Cis à prendre place parmi les prophètes [2]; et cependant dès les premiers préludes de la ques-

---

1. *II Cor.*, XI, 21.
2. *I Reg.*, X, 11.

tion romaine, avant même qu'en 1859, l'armée française fut engagée dans la guerre d'Italie, non-seulement nous avons conçu mais nous avons exprimé le sinistre pressentiment que cette campagne, au lieu de se borner à l'abaissement de l'Autriche par-delà les Alpes, aboutirait tôt ou tard à créer l'unité de la Péninsule par le renversement, au moins momentané, de la puissance temporelle du Saint-Siége. Vous savez si les Lettres pastorales que nous vous adressâmes au commencement de la lutte sont pleines de ces alarmes, invinciblement suscitées en nous par le Congrès de Paris et les proclamations qui précédèrent l'ébranlement de nos légions. A mesure que le temps a marché, nous vous avons signalé par avance et fait déplorer en passant les stations douloureuses, par où la perfidie des faux amis, le brigandage des ennemis déclarés, l'impiété parricide des uns et des autres, ont conduit le Vicaire de Jésus-Christ au sommet du Calvaire. Certes, pendant ces dix années, bien des jours glorieux ont voilé par intervalles les *points noirs* qui se montraient à l'horizon du Vatican ; la Providence à semblé multiplier les miracles pour ajourner le dénouement du drame lugubre, qui s'étant ouvert par l'envahissement des Romagnes, avait été continué par Castelfidardo et Mentana. Mais jamais aucun signe ni du ciel ni de la terre n'a pu pleinement dissiper nos terreurs; et nous n'avons pas un instant cessé de croire et d'annoncer que l'œuvre, accomplie à Rome par la démagogie en 1848, et détruite en 1849 par la France, serait un jour, avec la complicité du gouvernement impérial, reprise et consommée dans des conditions pour le moins aussi criminelles, par la *Révolution couronnée*. Nobles émules de Fanti et de Cialdini, Cadorna et Bixio ne viennent-ils pas de justifier nos craintes et nos présages ?

Tout cela n'est que désolant ; quelle joie pourrait nous apporter le triste honneur d'avoir prévu les orages qui devaient accabler le plus auguste et le plus vénéré des Pères ? Mais voici qui est plus grave, parce que nous touchons aux représailles de la Providence contre l'iniquité.

Avec les crimes qui devaient être commis contre le Saint-Siége, nous avons prédit les châtiments qui, partis d'En-Haut, viendraient tôt ou tard frapper et les grands coupables et les coupables subalternes, en France comme en Italie. En vingt occasions, nous les avons publiés sur les toits, essayant alors de donner à notre faible voix l'éclat de la trompette. Non moins souvent nous avons annoncé les mêmes malheurs, dans des lettres particulières, adressées aux représentants les plus élevés du Pouvoir au sein de notre patrie. Nous y sommes revenu avec d'autant plus d'insistance, que voyant partir de Paris le branle principal des iniquités qui devaient s'accomplir, nous sentions que c'était là que tomberaient les premiers et probablement les plus formidables coups des colères divines. Qu'il nous soit permis de vous citer un seul passage de cette correspondance. C'était en février 1860. Un Ministre des Cultes avait écrit aux évêques je ne sais quelle encyclique hautaine, soit pour leur donner des leçons dogmatiques sur les libertés de Pithou, soit pour leur dicter l'interprétation qu'ils devraient faire des événements, c'est-à-dire des attentats qui allaient épouvanter l'Italie et le monde. Nous répondîmes à cette circulaire par un Mémoire où retentissait le cri de notre conscience non-seulement émue, mais encore justement indignée, et voici qu'elles étaient déjà nos conclusions, à cette époque où les spoliations dont le Pape devait être victime étaient à peine commencées :

« Votre Excellence demande au Souverain Pontife *d'envisager les événements comme la Providence les laisse se dérouler dans la longue histoire de l'humanité.* Pie IX, permettez-moi de vous le dire, n'a pas besoin de cette prière pour se placer au vrai point de vue des faits passés et futurs. Il possède d'autant mieux le secret divin de l'histoire et de l'avenir, que la Papauté dont il porte et le sceptre et la tiare est ici-bas le centre et l'axe autour desquels la Providence fait graviter le monde. Quand nous regardons de son côté, notre âme se sent remplie, à travers sa douleur, d'une confiance sereine. »

« Mais il n'en est pas de même, quand nous nous retournons vers le gouvernement de l'Empereur. Depuis que les contacts avec Rome sont devenus pénibles, nous sommes en proie pour lui aux anxiétés les plus amères, parce qu'au lieu de saisir lui-même les lois et les leçons de la Providence, il semble méconnaître les lugubres présages qu'elle a déposés contre lui dans les fastes de la Papauté. Comment, depuis quelques années, avons-nous agi vis-à-vis de Pie IX? Autrefois nous l'avons reconduit en triomphe au Vatican ; mais, comme par compensation, son gouvernement a comparu, sans motifs, en accusé devant le Congrès de Paris ; on l'a déclaré solennellement alors atteint d'abus aussi graves qu'invétérés. Lui imprimer une seule fois cette flétrissure, ce n'était pas assez. On y est revenu à cent reprises ; et jusque dans les préliminaires de Villafranca et le traité de Zurich, cette humiliation lui est encore infligée par la main d'un petit royaume et celle de deux grandes nations. »

« Pendant la guerre, les Légations se sont révoltées, on a dit que c'était sa faute. Il a refusé de consacrer la rébellion de ses sujets et les criminels envahissements du Piémont par l'abandon des Romagnes, on le rend responsable de toutes les catastrophes qui pourront survenir. Sur toutes ces questions, les actes officiels nous ont représenté sa politique comme aussi *peu raisonnable* que *peu conciliante*. Son Encyclique n'a paru qu'un abus de pouvoir. En un mot, le respect peut avoir été dans le cœur et dans certaines formules de langage, mais on a beaucoup de peine à le trouver dans les procédés et dans les choses. »

« Les journaux, semi-officiels ou nettement révolutionnaires, s'emparant des divers textes publiés par le gouvernement, en ont fait contre la Papauté les plus hideux commentaires, et le Pouvoir a gardé le silence. Certains journaux indépendants ont élevé la voix pour défendre le Saint-Siége, on les a supprimés. L'application des rigueurs, prescrites par une récente circulaire, empêchera bientôt l'apparition des brochures composées en faveur de Rome. Qui sait si on ne l'étendra pas jusqu'aux mandements des évêques, déjà condamnés à ne point paraître dans les feuilles publiques? Les adresses ont été poursuivies; les pétitions, quoique autorisées par les lois et la Constitution, sont entravées; les prédications, par ordre supérieur, sont surveillées dans les temples. Tout ce qui attaque Rome, dans la presse comme au théâtre, est toléré si ce n'est pas applaudi; tout ce qui réfute et justifie est inquiété, flétri, souvent même brisé; et si les choses continuent à marcher de ce train, le moment ne tardera pas à venir où, dans le calme d'un silence sinistre, on n'entendra plus que le bruit des coups dont on frappera le Vicaire de Jésus-Christ, attaché comme son Maître à la colonne. »

« Mais Dieu, soyez-en persuadé, Monsieur le Ministre, suit d'un œil attentif les détails de cette flagellation douloureuse. Il compte une à une les meurtrissures que le Pouvoir laisse imprimer au Chef suprême de l'Eglise; et l'expérience du passé nous autorise à penser qu'elles pèseront lourdement dans les balances de la Justice éternelle. Pour la désarmer, ce ne serait plus assez de la continuation de notre présence à Rome. Il faudrait un généreux changement de politique.

Au nom de *son fils*, au nom de *sa gloire*, au nom de *son avenir*, nous supplions l'Empereur de bien s'en convaincre ; d'*envisager*, à son tour, *les événements comme la Providence les a laissés se dérouler dans l'histoire* de sa propre famille ; et de ne point oublier que si la grande dépouille de Napoléon Ier repose maintenant en paix et avec honneur sous le dôme des Invalides, c'est après avoir longtemps gémi dans l'humiliant exil de Sainte-Hélène[1]. »

Plus le gouvernement s'est enfoncé dans cette voie de coupables concessions à l'Italie spoliatrice, plus nous avons mis d'énergie à lui crier qu'il courait aux abîmes ; et malgré les disgrâces que nous avait attirées l'importunité de nos avertissements, nous nous sommes obstiné jusqu'au bout à lui redire que, par ses criminelles complaisances pour les ennemis du Saint-Siége, il appellerait sur lui-même et sur la France d'effroyables catastrophes.

1. Mémoire adressé, le 23 février 1860, à M. le Ministre des Cultes, en réponse à sa circulaire du 17 février.

II. — *Caractères providentiels de cette chute. —
L'imprévoyance prodigieuse avec laquelle on
entreprend la guerre.*

De savoir si les désastres dont nous avons à
gémir depuis six mois nous ont donné raison,
c'est chose dont nous ne songeons ni à nous
occuper, ni à nous prévaloir. Il ne peut être ici
question que d'étudier et de faire ressortir avec
tous leurs caractères les retours de la Providence
vengeant l'honneur et les droits de l'Oint du
Christ outragé.

Avant d'en arriver aux extrémités de sa colère,
Dieu, sans doute par une dernière inspiration de
miséricorde, avait prodigué les avertissements à
celui qu'il devait abattre. Sa politique se heur-
tait chaque jour à de nouveaux embarras ; l'industrie et le commerce compromis poussaient
des clameurs inquiétantes. Au-dessous, la Révolution se livrait avec audace à des provocations
incendiaires, à des grèves et des coalitions alar-

mantes, et par intervalles même à de criminelles tentatives. Plusieurs fois la vie de l'Empereur avait été menacée. S'il restait debout, chaque année, comme à heure fixe, la mort frappait à ses côtés les instruments les plus chers et les plus habiles de son odieuse conduite dans la question romaine : Walewski qui l'avait si fatalement introduite au Congrès de Paris ; Thouvenel qui s'en était constitué comme le théologien ; Billaut son plus brillant apologiste devant les grands corps d'Etat ; Morny qui, par la tactique, achevait auprès des représentants du pays le succès commencé par l'éloquence des orateurs officiels. Enfin, il n'est pas jusqu'à l'horrible forfait de Pantin qui, venant s'unir à tant d'autres sinistres présages, n'annonçât pour l'Empire un écroulement prochain. Mais rien ne fut compris, et Dieu dut lâcher le dernier coup contre l'incurable aveuglement d'un nouveau Pharaon.

Pour le premier Empire Moscou toucha de près à l'emprisonnement avoué de Savone ; l'incarcération déguisée de Fontainebleau ne fut pas éloignée du double exil de l'Ile d'Elbe et de Sainte-

Hélène. Les mêmes fautes n'ont-elles pas entraîné les mêmes conséquences pour le second empire? Qui n'a vu le lien providentiel unissant l'abandon de Rome avec l'internement à Wilhemshœhe? Dans cette chute du nouveau colosse aux pieds d'argile, la colère divine a tellement marqué son empreinte que, même pour les aveugles, il est impossible de la méconnaître ; elle y a rassemblé à sa manière tous les déshonneurs de la *force vaincue*.

Voyez d'abord, dans la défaite, la prodigieuse imprévoyance qui l'a préparée. Ni les études et les observations de nos ambassadeurs, ni les investigations directes de notre gouvernement ne nous avaient donné, je ne dirai pas le secret, mais le soupçon même des forces de l'ennemi. Assez de voyageurs, assez de journaux français, assez d'Allemands fixés ou de passage dans notre pays, nous insinuaient ou nous affirmaient que, dans la guerre que nous méditions, nous nous trouverions en présence non-seulement de la Prusse mais de l'Allemagne à peu près tout entière; que cet adversaire serait pour nous plus redoutable et plus puissant que nous ne le supposions ; qu'il pourrait du premier coup jeter près d'un million d'hommes sur nos frontières ; que ces armées, quoique immenses et fournies par des Etats divers, auraient entre elles une cohésion profonde et seraient toutes bien équipées, bien disciplinées, bien approvisionnées, bien commandées ; qu'enfin, prévoyant la lutte avec nous dès le lendemain de Sadowa, elles s'étaient préparées à la soutenir avec une activité sans mesure et sans repos, comme l'attestaient les munitions et les engins entassés dans les places fortes, depuis Dantzig et Magdebourg jusqu'à Mayence et Landau. Qui donc, dans les hautes régions du Pouvoir, n'a pris ces indications pour des renseignements chimériques ? On a laissé dédaigneusement les vautours se rassembler à l'aise et par groupes innombrables mais ignorés sur les bords de la Saar, de la Lauter et du Rhin. A la première détonation de nos mitrailleuses, ils devaient se disperser et s'enfuir éperdus.

Certes, ce n'était pas que la facilité de nos victoires antérieures nous eût autorisés à nous jeter avec insouciance au devant des hasards que nous allions affronter. En 1866, l'armée de Benedek ne s'était-elle pas évanouie sous le choc de l'armée prussienne dans la campagne de Bohême, comme une poignée de poussière se disperse au souffle de l'Aquilon? Nous, au contraire, malgré l'héroïsme de nos troupes et l'appui du Piémont, nous n'avions que très-laborieusement triomphé de l'Autriche soit à Magenta, soit surtout à Solférino. Avant la guerre d'Italie, le siége de Sébastopol, où nous avions pour auxiliaires le Piémont et la Grande-Bretagne, ne nous avait-il pas déjà coûté d'énormes sacrifices, de temps, d'argent et d'hommes? Et au Mexique, n'avions-nous pas compromis également l'honneur de notre politique et celui de nos armes? C'étaient là tout autant d'avertissements salutaires et de solennelles invitations à la prudence. Mais nous nous sommes consciencieusement abstenus de les entendre et d'en profiter. Je ne sais quel Ministre, récemment rappelé de Vienne, nous assure que la guerre est inévitable; on s'incline aveuglément devant cette déclaration. Un autre nous atteste comme par serment que nous sommes prêts, nous le croyons sur parole. Le plébiscite de l'armée, à lui seul, aurait dû suffire pour nous démontrer qu'il n'en était rien; mais ni les grands corps de l'Etat ni l'ensemble du pays ne l'on remarqué. Un illustre député demanda vingt-quatre heures pour établir devant la Chambre que les garanties données par les organes du Gouvernement n'étaient qu'une erreur, si ce n'était pas un mensonge; on ne lui permit pas de développer sa thèse. Nous nous jetâmes tête baissée dans les aventures dont on nous ouvrait la barrière avec la promesse trompeuse de la victoire; un effroyable vertige avait saisi la France. Abrité derrière nos montagnes, nos bois et ses propres forteresses, l'ennemi s'apprêtait à vomir contre nous des masses profondes. Et nous allions à lui, confiants, sûrs du succès, avec une armée qui n'était pas au tiers de la sienne. Armée sans profondeur et se déroulant, comme un rideau diaphane, sur une ligne démesurément étendue de Thionville jusqu'au-delà de Colmar. Armée dans son insuffisance tellement distribuée que le seul principe de force qu'elle pût avoir, c'est-à-dire une certaine facilité de concentration, lui était à peu près impossible, et que plusieurs corps, appelés à s'appuyer les uns les autres, auraient cherché vainement à se donner la main dans les moments de péril. Armée sans soutiens préparés derrière elle. Le plus grand capitaine de ce siècle, celui qu'on a placé sur le rang d'Alexandre et de César et qui me paraît les avoir dépassés, celui-là ne s'engageait dans aucune expédition, sans s'être créé d'imposantes réserves, soit pour combler les vides que creuserait dans son armée active le succès lui-même, soit pour réparer des désastres qu'il se faisait toujours une loi de prévoir, malgré son habitude de vaincre ; le génie de la conception stratégique était en lui complété par le génie de la prudence. Mais nous, qu'aurions-nous fait de cette vertu? Est-ce qu'un revers était possible ? Point d'hommes réunis comme supplément et par précaution sous les drapeaux; point de cadres pour recevoir et former ceux que les nécessités imprévues de la guerre pourraient forcer ultérieurement de réclamer. Point d'armes dans les arsenaux ; point de gros matériel ni pour accompagner les nouveaux corps qui seront peut-être organisés, ni pour mettre en convenable état de défense les places fortes qui risquent d'être soumises aux rudes épreuves d'un siége ou d'un bombardement. Tout ce que nous avons de troupes sérieuses se déploie le long des frontières de la Lorraine et de l'Alsace ; et si les espérances que nous fondons sur elles sont, au commencement des hostilités, démenties par quelque grave mécompte, si l'incomparable vaillance de nos soldats est écrasée sous le poids d'énormes bataillons allemands, une fois la brèche ouverte par l'invasion dans cette digue sans épaisseur et sans contreforts, qui donc empêchera le flot de rouler sans obstacle, et d'aller comme d'un bond jeter son écume et déchaîner sa violence contre les murs de notre capitale ?

III. — *Même sujet.*

Sans forces organisées au dedans , nous
sommes-nous du moins ménagé des appuis au
dehors ? Avions-nous contracté des alliances capables de nous aider à pousser la guerre ou à
négocier la paix ? Nullement ; pas une grande
puissance sur l'efficace intervention de laquelle
nous nous fussions acquis le droit de compter.
Ce n'était pas l'Angleterre qui , liée à la
Prusse par des nœuds de famille, devait évidemment se renfermer dans sa réserve ordinaire et
jalouse vis-à-vis de la France, et attendre les
événements pour se fixer sur le parti qu'elle
devait adopter. Ce n'était pas l'Autriche, incapable d'avoir oublié que nous l'avions seuls
chassée de l'Italie, et que si la guerre de 1866
avait détruit sa prépondérance en Allemagne pour
la livrer à la Prusse, elle nous devait encore en
partie le bienfait de cette seconde déchéance. Ce
n'était pas l'Espagne, puisque précisément la

lutte où nous allions nous engager avait pour but d'empêcher qu'elle livrât le trône d'Isabelle à un prince de la maison de Prusse. Ce n'était pas l'Italie, malgré l'abandon que nous allions lui faire du Pape, parce qu'elle s'était toujours promis d'être ingrate envers nous, qui pourtant, par les crimes de notre politique et le concours de nos armées, avions fait sa nouvelle et coupable grandeur. Ce n'était pas la Russie qui se souvenait encore amèrement de Sébastopol, et derrière le succès éventuel de la France, entrevoyait comme possible la résurrection de la Pologne. Enfin ce n'était ni le Danemark ni la Suède, qui pouvaient bien incliner vers nous par sympathie et faire des vœux secrets pour le triomphe de nos armes, mais devaient garder au dehors une neutralité sévère, afin que, dans le cas où nous aurions des revers, ils ne fussent pas broyés par leurs redoutables voisins, en retour de l'intérêt qu'ils nous auraient montré. Voilà notre situation vraie, c'est-à-dire un isolement absolu, dont nous n'avions essayé ni de nous rendre compte ni de conjurer le péril.

IV. — *Une telle imprévoyance ne peut s'expliquer humainement.*

A force d'avoir été profond, cet aveuglement dont nous avons été frappés a cessé d'être naturel. Jésus-Christ a dit dans un de ses discours si pleins de haute sagesse : « Quel est le roi qui, voulant faire la guerre à un autre roi, ne se recueille pas pour examiner s'il pourra aller avec dix mille hommes à la rencontre d'un adversaire qui en a vingt mille à faire marcher contre lui[1] ? » Cette règle de prudence est élémentaire. Qu'elle ait été méconnue par le gouvernement impérial au point où il l'a fait; que lui qui tenait tant au succès de son entreprise, soit pour donner la consécration glorieuse de la victoire à l'œuvre suspecte du plébiscite, soit pour raffermir et rendre immuable sa dynastie qui lui semblait me-

____

1. Quis rex iturus committere bellum adversus alium regem, non sedens priùs cogitat si possit cum decem millibus occurrere ei qui cum viginti millibus venit ad se? (*Luc*, XVI, 31.)

nacée ; qu'avec tant d'intérêts qui l'invitaient à faire entre ses forces et celles de l'Allemagne cette comparaison dont parle l'Évangile et qui n'est autre que le conseil de la plus vulgaire prévoyance, il l'ait entièrement négligée : il y a dans ce seul fait de légèreté sans exemple le signe manifeste d'un châtiment providentiel. Dieu, dans une circonstance solennelle entre toutes, a voulu, à la face du monde, convaincre d'étourderie, mais d'étourderie poussée jusqu'à la démence, ces hommes dont l'arrogant orgueil avait reproché tant de fois au Saint-Siége de ne savoir ni administrer ses peuples, ni se défendre contre les périls qu'il se créait lui-même par ses fautes et ses abus. Vraiment qu'ils ont été merveilleux ces oracles de haute sagesse et de circonspection !

Nous-mêmes, enfants de la France, intelligente nation, mais race insouciante, n'avons-nous pas été dignes de ceux qui nous ont perdus ? En protestant avec trop de mollesse contre leur politique sacrilége vis-à-vis de Rome, n'avons-nous pas mérité d'être associés au vertige sans nom avec lequel ils ont abordé cette guerre, où leur fortune et notre honneur sont allés sombrer? Nous leur avons permis et de dire et de faire tout ce qu'ils ont voulu. Pour les laisser ainsi sans contrôle, sans garantie, sans surveillance, disposer comme ils l'entendraient de notre sang et de nos destinées, il a fallu que Dieu nous eût fait boire à cette coupe fatale dont parle le prophète. « Vous êtes ivres, dit Isaïe en s'adressant à certains peuples, mais ce n'est pas de vin ; vous chancelez, mais ce n'est pas d'ivresse. Le Seigneur vous a préparé un breuvage d'assoupissement. Il fermera vos yeux ; il voilera pour vous la présence des princes et des prophètes qui ont la vision de l'avenir. Et si quelque vision se montre encore à qui que ce soit, elle sera pour vous comme les caractères de ce livre scellé, qui, présenté même à quelqu'un qui sait lire avec cette invitation : « Lisez ce qui est là », provoque aussitôt cette réponse : Je ne le peux pas, car le livre est scellé [1].

---

1. Inebriamini et non a vino ; movemini et non ab ebrietate.

Quoniam miscuit vobis Dominus spiritum soporis ; claudet

C'est ainsi que Dieu nous a traités. L'insuffisance de nos préparatifs et la probabilité des catastrophes où elle nous entraînerait se dressaient devant nous comme des visions aussi manifestes que sinistres. Mais la colère divine nous avait endormis ; et suivant en aveugles des guides plus aveugles encore, nous sommes tombés avec eux dans les horreurs de l'abime [1].

V. — *Défaites et capitulations sans exemple.*

Au déshonneur d'une imprévoyance sans égale s'ajoute bientôt celui d'un désastre ou plutôt d'une capitulation sans exemple. Dans l'histoire d'une nation guerrière, il n'est pas étonnant qu'on rencontre des souvenirs de défaite : quel

oculos vestros, prophetas et principes vestros, qui vident visiones, operiet.

Et erit vobis visio omnium sicut verba libri signati, quem cum dederint scienti litteras dicent : Lege istum, et respondebit : Non possum, signatus est enim. (*Isaie*, XXIX, 9, 10, 11.)

1. Cæcus si cæco ducatum præstet, ambo in foveam cadunt. *Matth.*, XV, 14.

est le peuple qui trouva le secret d'être toujours invincible ? Nous n'avons pu nous soustraire à la destinée commune ; et malheureusement les noms d'Azincourt, de Malplaquet et de Rosbach, sont restés écrits dans nos annales militaires en carac-tères que la gloire peut avoir adoucis, mais qu'elle n'a point effacés.

S'il y a quelque chose de plus triste qu'une déroute, c'est une capitulation, non point dans une place assiégée, maltraitée, incendiée, anéan-tie par les bombes et les assauts de l'ennemi, mais sur un champ de bataille, où l'on est con-traint de se rendre, avec des forces dont il semble qu'on pourrait faire un fier usage, et malgré le feu de patriotisme, de courage et d'honneur qu'on sent encore bouillonner dans ses veines. Nous ne saurions exprimer la douleur qui nous saisit, lorsqu'en 1849, voyageant en Espagne et séjour-nant quelques heures, avant de nous diriger sur Jaën et Grenade, dans la petite ville de Baylen, nous dûmes nous dire que là, sur ce coin de terre antérieurement ignoré, dix-huit mille soldats français, plutôt déconcertés par de funestes mi-

rages que menacés par des forces réellement su-
périeures, avaient mis bas les armes devant le
général Castañoz.

Et maintenant que sera Baylen devant la mémoire de Sedan? A quelle source remonte origi-
nairement la responsabilité de cette effroyable
catastrophe? Par les conseils ou la faute de qui,
l'armée improvisée à Châlons, le lendemain de
nos premiers revers, au lieu de courir s'abriter
sous les forts de la capitale et d'en défendre
l'accès, est-elle allée s'enfoncer dans ces replis
de la Meuse où l'ennemi devait la prendre comme
dans un filet? Quelle incurie ou quels obstacles
l'ont empêchée, dans cette course, de conserver
les avances de temps qu'elle avait sur les Prussiens, et qui, gardées jusqu'au bout, l'auraient
peut-être mise à même de se réunir à l'armée de
la Moselle et de sauver, avec son propre honneur,
celui de la patrie? Autant de mystères restés inexplicables jusqu'à ce jour. Ce qui est sûr et trop sûr,
c'est qu'après une série de combats où nos troupes
avaient fait la meilleure contenance, un moment
vint où nous arborâmes un signe faisant appel à une

suspension d'armes. Bientôt des négociateurs, sortis des deux camps, s'abouchèrent pour débattre une convention dont les clauses, entrevues par nos nobles vaincus, les faisaient tous frémir par avance d'une indignation généreuse. Plus de quatre-vingt mille hommes étaient encore là debout; plusieurs régiments restaient intacts. On pouvait, dans un élan de généreux désespoir, s'ouvrir une trouée dans les lignes prussiennes, dût cet effort suprême coûter de rudes sacrifices ; quelques débris glorieux de nos légions iraient ainsi chercher une défense pour leur liberté sous le canon de Montmédy et de Longwy, peut-être même de Metz, ou sous les remparts de Mézières. C'était là le vœu, c'était le cri de tous. Mais une capitulation, signée par ordre d'une volonté trop respectée, s'en vient mettre ces héroïques aspirations à néant. Près de cent mille soldats doivent déposer leurs armes et seront internés en Allemagne ; les officiers sont libres, s'ils adhèrent aux stipulations, et s'ils n'adhèrent pas, ils sont prisonniers de guerre. Tout notre matériel sera la proie des Allemands et leur servira de trophée. A son tour enfin, celui dont l'aveugle témérité nous a jetés dans cet abîme d'opprobre et de malheur, celui qui devait vaincre ses adversaires en se jouant, celui qui s'était vanté d'aller signer la paix à Kœnigsberg, celui-là ne peut pas se racheter en rendant son épée qui n'a brillé dans aucune bataille ; il faut qu'il livre aussi sa personne à ces princes auxquels il avait espéré dicter des lois, comme l'avait fait à leurs pères le redoutable vainqueur d'Iéna.

O nuit horrible que celle où cette nouvelle foudroyante nous fut annoncée ! Combien nous fûmes tentés de souhaiter avec Job qu'un ténébreux ouragan l'arrachât du cadre de notre vie : *Noctem illam tenebrosus turbo possideat, nec computetur in diebus anni* [1] ! Quelle blessure irremédiable n'a-t-elle pas faite à notre cœur de Français ! mais aussi dans cette désolante vision, comment ne pas reconnaître la sinistre explosion des vengeances divines ! — Vengeance par rapprochement. Le Congrès de Paris, Castelfidardo

---

1. *Job.*, III, 6.

et la convention du 15 septembre représentent Savone et Fontainebleau; les formes du crime sont différentes, mais le fond du crime est le même. Aussi Sedan n'est-il pas loin de Waterloo. A Waterloo, c'est la Prusse qui, par Blucher arrivant à la place de Grouchy vainement attendu, frappe le dernier coup sur le persécuteur de Pie VII ; à Sedan, c'est aussi la Prusse qui écrase le grand fauteur des spoliations commises contre Pie IX ; pour broyer l'oncle et le neveu, Dieu se sert du même marteau. Le vaincu de Waterloo laisse de nombreux prisonniers dans les mains de la coalition; par sa capitulation, le vaincu de Sedan en livre au moins quatre-vingt mille à l'Allemagne triomphante. Après Waterloo, une seconde abdication devint inévitable pour le premier; après Sedan, le second, déjà dépouillé par ses généraux du droit de commander, perdit par sa honteuse reddition l'espoir de régner encore, et le même coup qui lui arracha son épée mit son sceptre en poussière.

Et cette première capitulation devait, hélas! en amener tant d'autres depuis celles de

Strasbourg et de Metz jusqu'à celle de Paris !

VI. — *Là, comme dans l'imprévoyance, l'interven-tion de la justice divine est manifeste.*

Vengeance par contraste. Un jour aussi Napoléon Ier rencontra, dans sa vie militaire, une capitulation ; mais ce fut une capitulation glorieuse; ce fut la capitulation d'Ulm, infligée par une manœuvre savante de son génie à l'armée autrichienne, qui, sur les bords du Danube étonné, fut faite prisonnière presque sans avoir combattu. Napoléon III s'est chargé de consoler l'Allemagne de ce douloureux souvenir ; il a laissé ses troupes se battre avec leur héroïsme ordinaire, c'est-à-dire avec un courage de lions, et rougir de leur sang coulant à flots les eaux épouvantées de la Meuse; et puis ceux de ces braves que le fer et la mort ont épargnés, sont jetés captifs entre les bras du sauvage vainqueur, par un traité mille fois plus amer que celui d'Ulm ne le fut pour Mack et les trente mille soldats qu'engagea sa parole.

Voyez encore! Lorsque, après sa seconde abdication, l'oncle quitta l'île d'Aix pour monter sur le *Bellérophon*, il ne se constitua pas, mais il devint prisonnier de l'Angleterre, c'est-à-dire de la nation qu'il avait le plus détestée, et la seule pourtant qu'il n'avait pu réduire. C'était sans doute cruel pour son orgueil, et l'une de ces amères dérisions de la Providence dont parle l'Ecriture [1]. Par une destinée peut-être plus poignante, le neveu sera le vaincu tout ensemble et le captif de la Prusse, c'est-à-dire d'une nation dont il a follement centuplé la force, et au funeste développement de laquelle il a sacrifié non-seulement la haute position que l'Autriche avait en Allemagne et dont il eût été sage de ne point la déposséder, non-seulement l'équilibre européen dont il a déplacé le centre et anéanti le bienfait, mais encore le bon sens lui-même en professant, au profit des anciens Margraves de Brandebourg,

1. Qui habitat in cœlis irridebit eos, et Dominus subsannai eos. (*Psalm.*, II, 4.)

la théorie païenne des grandes nationalités. Ainsi, par une disposition vengeresse du Ciel, voit-il se retourner contre lui deux unités, qui ont été les deux fautes les plus graves de sa politique et dont il a néanmoins essayé de se faire deux gloires : l'unité italienne qui l'a payé dix ans des services qu'elle lui devait par une railleuse ingratitude ; l'unité allemande qui lui était en grande partie redevable de Sadowa, et dont les énormes bataillons viennent aujourd'hui de l'écraser.

Dieu ne s'est pas arrêté là. L'exil de l'île d'Elbe parut suffisant aux coalisés après la première invasion. Après la seconde, on relégua le géant tombé dans les profondeurs lointaines de l'Atlantique, sur le rocher de Sainte-Hélène. Quelle horrible prison pour ce potentat, dont l'empire avait, en étendue, dépassé même celui de Charlemagne ! Mais aussi la distance jetée entre l'Europe et lui donnait la mesure de la terreur qu'il inspirait, jusque dans sa chute, à ses vainqueurs devenus ses geôliers et presque ses bourreaux. Et d'ailleurs l'immensité de l'Océan qui l'entourait sur son îlot désert répondait à la double ma-

jesté de son ancienne gloire et de son infortune.
On n'a vu se reproduire vis-à-vis du captif de
Sedan ni les mêmes craintes ni les mêmes précautions. Il est tout simplement aux portes de
Cassel, pendant que la Prusse continue sa campagne de France à la manière des Vandales ; et
parce qu'on n'a pas à faire expier à l'exilé de
Wilhemshœhe vingt ans de triomphe et l'honneur d'un nouvel Iéna, son voisinage avec nos
frontières ne cause à ses vainqueurs aucune inquiétude, et ils le laissent jouir en paix des agré-
ments d'une royale demeure. Tout cela est moins
austère, mais aussi moins grand que Sainte-
Hélène.

Enfin, dernier contraste. Déposé par le *No-
thumberland* dans le port de *James-Town*, puis
enfermé successivement dans l'étroit pavillon de
Briars et dans l'humble résidence de *Longwood*,
l'oncle avait une consolation qui était encore une
sorte de grandeur ; c'était de penser, quand il
retournait ses regards attristés du côté de la
France envahie, que, si ce pays qu'il avait fait si
glorieux était pour le moment dévasté, si les ob-

scurs, mais nobles débris de ses armées, gémis-
saient dans les hôpitaux et la misère, lui, leur
chef, autrefois si opulent et maintenant si dépouillé, il mangeait comme eux le pain de l'indigence, et plus qu'eux celui de la captivité.
C'était la solidarité de l'infortune succédant à
celle de la victoire et de la grandeur. Pour le neveu, l'emprisonnement est plus vengeur précisément parce qu'il est plus doux. Le château de
Cassel ne rappelle ni le climat dévorant, ni les
roches arides, ni les austères privations de *Longwood*; c'est la résidence de Saint-Cloud retrouvée
sur le sol germanique. Et certes, celui qui l'habite, à titre de prisonnier, doit estimer singuliè-
rement amers la paix et le bien-être qu'il y rencontre, quand il songe, d'une part, à nos provinces, grâce à son imprévoyance, inondées,
pillées, ensanglantées par les armées du Nord;
d'autre part, aux souffrances qu'endurent plus
de dix mille de nos officiers, et plus de quatre
cent mille de nos soldats, emmenés, internés,
emprisonnés, par sa faute, dans les diverses
villes ou forteresses d'Allemagne, d'Ulm à Mag-

debourg et Spandau, et de Stuttgard à Dantzig.

Mais la coupe de la fureur divine n'est pas encore épuisée ; au double déshonneur de l'imprévoyance et de la défaite, s'ajoute, pour le compléter, celui de la déchéance.

VII. — *Déchéance où Dieu paraît également avec éclat.*

Avant la révolution de Février 1848, mais à l'époque où l'orage, qui devait la faire éclater sur la France, commençait à se former, le chef de la dynastie alors régnante se préoccupait avec une sollicitude maladive du soin d'éterniser sa famille sur le trône. Aux efforts excessifs qu'il faisait pour assurer ce résultat, on devinait qu'il était intérieurement travaillé par de sinistres pressentiments ; il eût moins pris de précautions pour affermir la terre sous ses pas, s'il ne s'était pas cru menacé d'y trouver des abîmes, et sa prudence elle-même était un sombre présage. Le gouvernement qui vient de tomber a préludé par les mêmes soucis à la même déchéance. Pendant les derniers temps de son règne celui qui le personnifiait ne songeait et ne s'appliquait qu'à consolider sa race et son pouvoir ; il n'est pas d'expédients humains qu'il n'ait employés pour rendre l'une et l'autre inébranlables. C'était, aux yeux de l'observateur, la preuve qu'il se sentait chanceler au faîte de sa puissance ; et que Dieu s'apprêtait à le précipiter d'une grandeur dont il avait tant abusé contre Dieu même.

La déchéance n'a-t-elle pas commencé pour lui le jour où, convaincu par nos premières et foudroyantes défaites d'impuissance à commander nos armées, il avait dû déposer son titre de généralissime pour le remettre à un de ses maréchaux, et cela par le vœu, on pourrait presque dire par le mépris unanime de ses troupes et de la France ? A partir de ce moment, il devient comme exilé dans son propre empire, empêché de rentrer à Paris qui l'aurait accueilli par des malédictions, froidement traité par ses généraux qui, sans faillir aux égards essentiels dont ils étaient redevables à son caractère encore subsistant de souverain, le considéraient toutefois forcément comme une source d'embarras, à raison même des droits qu'il retenait à leur respect. Les faits n'ont que trop justifié leurs appréciations ; et l'on ne peut nier que sa présence au sein de l'armée de Châlons n'ait eu une large place parmi les causes qui ont amené le désastre de Sedan.

Sedan lui-même a provoqué la consommation de la déchéance avec un ensemble de circonstances manifestement providentielles. Déchéance amenée par les précautions d'un ministère qui la redoutant et voulant la prévenir, demanda au Corps législatif, pour sauver la régence, quelques heures d'ajournement et de réflexion qui la perdirent. Et cette catastrophe s'est accomplie presque le lendemain d'un plébiscite qui semblait avoir donné à la dynastie du vaincu comme un renouvellement de jeunesse et le gage d'une impérissable grandeur. C'est aussi dans le cours d'une guerre sur laquelle il avait compté pour imprimer à son gouvernement, après une nouvelle consécration par le suffrage universel, la consécration plus haute encore et plus populaire

de la victoire. C'est enfin par une surprise de ce
parti non pas tant républicain que radical,
vis-à-vis duquel il avait toujours eu tant de terreur et de ménagement, lui laissant je ne sais
quelles libertés funestes, dont l'usage, selon les
calculs d'une absurde politique, devait resserrer
les honnêtes gens autour du trône impérial, mais
ne profitait en réalité qu'à la révolution.

Toutes ces rencontres de faits sont bien mys-
térieuses : il y a des coïncidences de dates qui ne
le sont pas moins. Nos déroutes de Wissembourg
et de Wœrth avaient eu lieu dans la semaine et les
jours mêmes où nos troupes, retirées de Rome,
s'embarquaient à Civita-Vecchia pour revenir en
France. L'invasion du Corps législatif et la substitution de la République à l'Empire se sont faites
le 4 septembre, c'est-à-dire à la date précise où,
dix ans auparavant, avait été prononcée, à Chambéry, l'affreuse parole qui décida le guet-apens
de Castelfidardo. N'est-ce pas aussi dans ce mois
de septembre qu'avait été signée cette fameuse
convention, dans laquelle nous avions disposé du
Pape sans le Pape, et qui, pour protéger les der-

niers lambeaux du Pouvoir temporel, devait opposer à l'Italie une si fragile barrière? Dieu, sous la main de qui s'ajustent tous les temps, n'a pas fait ces rapprochements aussi frappants que sinistres, sans une secrète intention d'instruire les gouvernements et les peuples, et de leur montrer qu'à des jours de crimes correspondent souvent, comme de lugubres anniversaires, des jours de calamités.

VIII. — *Contre-coups et révélations non moins providentiels que la déchéance elle-même.*

Enfin le Seigneur a voulu qu'à ces coïncidences vinssent s'ajouter des révélations et des contre-coups destinés à aggraver les humiliations de la déchéance. Oui, des révélations. Certes, les esprits même les moins observateurs n'avaient pas attendu le 4 septembre pour voir ou du moins soupçonner que notre décadence morale était profonde, grâce au surcroît de dépravation communiqué par l'empire aux plaies déjà faites à la conscience publique par les derniers temps qui l'avaient précédé. Mais la secousse qui l'a renversé nous a découvert des abîmes dont l'horreur a surpris même ceux qui jugeaient la situation du pays avec le plus d'exactitude et de sévérité. — Révélation sur le vide et la fragilité de l'édifice impérial : on eût dit qu'appuyé sur tant de baïonnettes et tant d'intérêts, il tenait à notre sol par des attaches puissantes ; mais il n'en était rien. Une trombe s'est fait un jeu de l'emporter en passant, parce qu'un mal dévorant avait non-seulement desséché, mais anéanti ses racines. Aucune fibre ne le liait à l'âme de la France. — Révélation sur les vrais sentiments de ceux qui le servaient. Dans les plus hauts degrés de la hiérarchie, ils exigeaient une obéissance aussi aveugle, aussi muette que celle qu'ils pratiquaient vis-à-vis du pouvoir central ; ils se donnaient par là les apparences d'une énergique fidélité. Et quand l'heure de la chute est venue, presque nulle part ils n'ont su généreusement tenir tête à l'orage, prouvant une fois de plus que la servilité n'est pas le dévouement, et que la violence du

despotisme ne doit pas toujours être prise pour
un signe de courage. — Révélation sur le trouble
et l'égarement désespéré des esprits. Voici bientôt un siècle que la démence de la plupart des
hommes d'Etat s'acharne en Europe, mais plus
spécialement en France, non-seulement à détruire
la foi, mais à ruiner le sens commun dans la
raison publique, en la forçant à s'enivrer à la
coupe empoisonnée des idées modernes. Nul
gouvernement toutefois n'a rempli cette mission
désastreuse avec plus d'ardeur que celui que la
foudre vient d'abattre à Sedan. Il a couvert obstinément de son approbation les grandes erreurs,
proclamées avant lui sous le titre équivoque de
principes de 89. Jusque dans le manifeste lancé
au moment où nos armées se sont ébranlées pour
marcher contre la Prusse, il a déclaré que nous
allions, à nouveau, promener en Allemagne les
idées de la Révolution française. A ces vieilles et
fausses théories il en a joint d'autres non moins
absurdes ni moins funestes, sur les *faits accomplis*, sur la *non-intervention*, sur les *grandes agglomérations*, sur la caducité des conventions

internationales, sur les droits et l'autorité des votes populaires. Sur tous ces objets, il n'était permis ni de nier ses oracles ni même de les contester. Qu'un journal catholique se hasardât à les démentir surtout avec talent, on le supprimait. Qu'un prédicateur combattît cette théorie d'Etat au nom de l'Evangile, il était dénoncé par la police à la magistrature. Un évêque protestait, son mandement était traduit devant le Conseil d'Etat. Rome parlait à son tour, et foudroyait par le *Syllabus* cette Babel, où la confusion des langues n'était dépassée que par la meurtrière extravagance des systèmes ; par ordre du gouvernement le *Syllabus* devait s'arrêter à la frontière et ne point arriver parmi nous aux honneurs de la promulgation. Pendant qu'on tarissait ainsi toutes les sources d'où devait jaillir la lumière, on laissait au mensonge et à la folie la pleine liberté d'égarer les intelligences. Et les ténèbres ont envahi le monde à un degré dont la crise actuelle nous révèle toute la profondeur. Le nombre des esprits qui déraisonnent et sur la source de nos maux et sur les remèdes propres à nous en guérir est immense; avec un peu de bon sens et surtout de bon sens chrétien, on est consterné de se voir entouré de tant d'ignorance et de délire; et l'on se demande avec raison si c'est trop des hontes de Sedan pour punir ceux qui, dans leur imprévoyante barbarie, ont systématiquement abreuvé les peuples des liqueurs funestes dont la fumée leur a fait ainsi tourner la tête. — Révélation sinistre enfin sur la décadence du patriotisme lui-même. Ce sentiment est, d'ordinaire, un des derniers qui périssent dans le cœur des nations. Si parfois il s'assoupit, il est habituellement un opprobre, un malheur qui le réveille avec autant de puissance que d'unanimité : c'est la présence de l'étranger envahisseur et d'un conquérant sauvage sur le sol du pays. Mais parmi nous ce noble ressort est tellement détendu que l'irruption des Prussiens par-dessus nos frontières, et l'investissement de Paris par les hordes germaniques, n'ont pu le redresser, même après les dévastations les plus affreuses, les atrocités les plus révoltantes, les plus sanglantes défaites, les plus humiliantes capitulations. Sous le coup de tant de désastres, au lieu de se montrer patriotes, une foule d'entre nous ont mieux aimé se montrer révolutionnaires, et révolutionnaires parce qu'ils étaient odieusement impies. Ils ont provoqué avant tout l'emprisonnement, l'exil et la spoliation des congrégations religieuses, l'introduction de l'athéisme dans l'enseignement des écoles populaires, l'abolition de toutes les manifestations publiques du culte catholique, c'est-à-dire de l'immense majorité des Français, la transformation sans nécessité des couvents et des églises en ambulances ou magasins d'approvisionnements : ariens, vandales, iconoclastes et païens, ils ont réuni toutes les gloires. Ils ont appelé ensuite la levée en masse, l'enrôlement des séminaristes, la désorganisation de toutes les familles sauf la leur, et volontiers, pour donner plus de vengeurs au pays, ils auraient égorgé leurs voisins et les auraient ensuite volés tout à l'aise. Que leur importait le salut de la France, pourvu qu'à la veille d'être engloutie par le flot de l'invasion, elle vît la *Commune* établie et la *République* au bonnet phrygien glorifiée ! Ces divisions

intestines, ces tentatives de déchirements fratrici-
des, cette préférence donnée aux pervers instincts
de la démagogie sur les nobles indignations du
patriotisme, au moment où l'Allemagne triomphante nous étouffe sous le poids de ses énormes
bataillons, voilà pour nous la honte des hontes.
Que nous ayons été battus, broyés par l'ennemi
dans les conditions où nous l'avons été, c'est
humiliant sans doute. Mais tout le monde sait
aujourd'hui que nous avons été livrés ; nos
échecs ont été plutôt l'effet d'une surprise que
le résultat d'une lutte. Mais nos discordes sont
notre faute ; en brisant le faisceau de la défense
nationale, ou plutôt en le rendant impossible,
elles nous couvrent d'un opprobre sans exemple
comme il est sans excuse.

Et voilà pourtant à quel degré de confusion
nous a fait descendre cet effroyable égoïsme dont
le Pouvoir, pendant ces vingt dernières années, a
versé, nourri, développé, généralisé le poison
dans les veines de notre malheureuse France. On
a, par tous les moyens les plus contagieux, excité
les peuples à sacrifier même les choses les plus

augustes, aux perverses convoitises du luxe, du bien-être ou de l'ambition. Ces leçons, parties de haut et recommandées par de solennels exemples, ont porté leurs fruits. Dieu, l'Église, la Patrie, l'honneur, la fraternité, tout a disparu dans la marée montante des passions qu'elles ont déchaînées à la fois et justifiées ; et c'est à leur charge que retombe la frénésie de ces misérables qui, même pendant l'invasion, déchirent de leurs mains parricides un pays qu'ils devraient protéger : matelots sauvages, qui, voyant le navire en perdition, massacrent avec le capitaine une partie de l'équipage, et puis, s'emparant du trésor, essayent de se sauver sur quelque planche, avec le butin conquis par les horreurs de l'assassinat.

C'est ainsi que s'est affaissé ce gouvernement dont nous avions lu la ruine dans la conspiration qu'il avait organisée contre le pouvoir temporel du Saint-Siége. Il semblait, mais surtout il affectait de se dire inébranlable ; et voilà qu'il est tombé subitement par un de ces coups imprévus et terribles où les esprits même les plus incrédules sont contraints de reconnaître le doigt de

Dieu ; *Digitus Dei est hic*[1]. Son trône s'appuyait sur le bras d'une nation considérée comme la première puissance militaire du monde ; et dans sa ruine une Providence vengeresse a réuni tous les déshonneurs de la force vaincue. Déshonneur de l'imprévoyance qui s'est signalée dans des proportions inouïes par l'insuffisance des préparatifs, par un défaut absolu d'armées et d'approvisionnements de réserve, par une absence totale d'alliances ménagées au dehors. Déshonneur de défaites ou plutôt de déroutes : déroutes d'autant plus humiliantes que nous avions follement contribué à créer la force de la verge de fer qui nous a battus et broyés ; que nous en avons facilité les succès par l'ignorance ou l'incurie portée dans nos opérations, qu'enfin nous l'avons laissée nous infliger des désastres sans exemple dans notre histoire. Déshonneur de déchéance, et d'une déchéance doublement flétrie, par le caractère spécialement blessant de certaines circonstances qui l'ont entourée, par l'opprobre de di-

1. *Exod.*, VII 19.

verses calamités qui l'ont suivie et dont la responsabilité rejaillit sur celui-là même dont elle a
brisé la fortune et déraciné la puissance. Dieu par
cette grande chute a remis, une fois de plus,
sous nos yeux, la statue de Nabuchodonosor et
sa ruine épouvantable. Le colosse était debout
dans son orgueil, une petite pierre détachée de
la montagne est venu frapper ses pieds d'argile.
Ce sont les excommunications lancées par le plus
faible en apparence des pouvoirs d'ici-bas, celui
du Saint-Siége blessé dans ses droits. Sous le
choc de cet atome, le géant d'or, d'argent et de
fer est tombé en pièces, et le souffle de la fureur
céleste en a dispersé la poussière.

Voilà le premier terme du contraste préparé
par la Providence pour faire ressortir la grandeur de Pie IX captif au Vatican. — Voici maintenant le second. En regard des humiliations prodiguées à la force vaincue, sont venues se placer
les humiliations de la force victorieuse.

IX. — *Conséquences extérieures de la chute de l'Empire. — Dernière invasion de Rome. — Hypocrisie de l'usurpateur.*

La déchéance du gouvernement impérial, en déchaînant de redoutables agitations dans l'intérieur de la France, devait aussi produire au dehors d'inévitables contre-coups. Une de ces conséquences extérieures les plus immédiates, les plus terribles, a été l'envahissement de Rome par l'armée italienne. Ce crime n'avait-il pas été autorisé par l'Empire, avant l'ouverture de la guerre qui devait amener sa chute? Eut-on tort de voir le gage de cette odieuse concession dans le rappel de nos troupes qui devait laisser le Saint-Siége dépourvu d'appui contre la Révolution, sans nous apporter à nous-mêmes un surcroît sérieux de forces contre l'étranger? Faut-il renvoyer ce criminel abandon de la cause romaine et sa responsabilité totale au gouvernement de la Défense nationale, lui dont la complicité formelle avec l'Italie dans ce forfait vient de nous être révélée par de honteux, mais authentiques documents[1]? Ce sont des questions que nous nous abstenons d'examiner aujourd'hui, tout en nous réservant le droit d'y revenir plus tard. Pour le moment nous ne voyons qu'un fait : c'est que Rome est occupée par les hordes d'un gouvernement envahisseur, et que Lamarmora vient de s'emparer du Quirinal dont il a fait enfoncer les portes, tandis que Pie IX, le plus légitime des rois, est captif au Vatican, sans savoir s'il ne sera pas obligé de le quitter et de s'enfuir demain.

A ne juger des choses que par les apparences, tout est triomphe pour le Piémont et abaissement pour le Souverain Pontife dans la situation créée par l'attentat du 20 septembre. Et cependant, lorsqu'on regarde au fond, il ne faut pas longtemps pour se convaincre que la Providence a placé du côté du vaincu d'incomparables grandeurs, tandis que le vainqueur a moissonné dans

---

1. Voir les lettres de MM. Sénart et Visconti-Venosta.

son succès lui-même des hontes incomparables.

Honte d'hypocrisie dans les préliminaires. Avant de consommer l'usurpation des Etats-Pontificaux et de leur capitale, on força Victor-Emmanuel d'adresser au Saint-Père une lettre digne de celles qu'on l'avait contraint d'écrire au début de cette longue iniquité. Ce document inspire d'autant plus de tristesse qu'il fait un étalage plus déclamatoire de piété filiale, à la veille même d'une entreprise où ce sentiment allait être outragé par un acte qu'il est impossible de ne pas appeler parricide. Tout ce que dit son auteur, la mission qu'il s'attribue, les excuses qu'il invoque, les promesses et les espérances qu'il exprime, les airs de délicatesse dont il se pare, tout cela déborde d'indignité jusque dans la moindre syllabe.

Nous avons cru devoir insister sur le commentaire de cette pièce, parce que la Révolution italienne y a condensé tous ses sophismes, en les couvrant, pour leur donner plus de crédit, de la signature d'un roi.

« Roi catholique et roi italien, et comme tel

gardien et garant, par la disposition de la divine Providence et par la volonté de la nation, des destinées des Italiens, il sent le devoir de prendre en face de l'Europe et de la catholicité, la responsabilité du maintien de l'ordre et de la sécurité du Saint-Siége [1]. »

Il n'est pas un mot dans cette lettre où le mensonge ne le dispute à la dérision. *Roi catholique,* il put l'être ; mais depuis ses attentats multipliés contre Rome, il est trop évident qu'il ne doit plus se donner ce titre. *Roi italien par la volonté de la nation :* dignité très-problématique, puisque les plébiscites, par lesquels l'Italie est censée avoir parlé n'ont été qu'un misérable escamotage ; les hommes d'Etat les plus importants ont été forcés d'en convenir. Mais *roi italien par la disposition de la divine Providence,* c'est un blasphème. Sans doute le fait ne s'est accompli que parce que la divine Providence l'a toléré ; mais qu'elle l'ait voulu directement, et d'une volonté qui ait été la consécration de cette royauté usurpée par la spo-

1. Lettre de Victor-Emmanuel II au Saint-Père, Florence, 8 septembre 1870.

liation et la révolte, on ne peut le prétendre sans impiété. — *Gardien et garant des destinées de tous les Italiens.* De tous? De *tous* ceux qui se sont donnés à lui, peut-être, oui, trois fois peut-être. De *tous*, c'est-à-dire de ceux-mêmes qui, comme les Romains, ont été envahis et asservis malgré eux? Non certes, et mille fois non! *Gardien!* le merveilleux *gardien* qui laisse voler tous les trésors de l'Italie et disperser toutes ses gloires! *Garant!* le sûr *garant* qui, bien loin d'élever et d'affermir la grandeur de la Péninsule, en compromet, probablement pour des siècles, la fortune et l'avenir, des Alpes à Lylibée! — *Il sent le devoir de prendre la responsabilité du maintien de l'ordre et de la sécurité du Saint-Siége.* — *Il sent le devoir.* Quelle formule! Il sent si peu ce devoir que, depuis plus de dix ans, il le transgresse dans les conditions les plus monstrueuses. Toutes les agitations de la Péninsule et tous les malheurs du Saint-Siége, c'est lui et lui seul qui les a faits, à partir du Congrès de Paris. Pour les produire, il s'est associé la révolution qu'il a su jusqu'à ce jour piquer de l'aiguillon et retenir par la muselière. Les commotions actuelles ont eu la même origine que celles du passé ; elles sont l'œuvre commune du gouvernement et des sociétés secrètes, celui-là et celles-ci étant tour à tour le pouvoir qui commande et l'instrument qui exécute. Et voilà comment l'auteur ou tout au moins le signataire de la lettre a *senti* et *sent* encore le *devoir* de protéger l'ordre et le Saint-Siége ! Et c'est un prince de Savoie qui se condamne à jouer cette comédie !

Et voyez encore ! On *sent le devoir de prendre la responsabilité.* Il y a des responsabilités que le devoir et l'honneur peuvent prescrire d'accepter, mais qu'on n'a ni le droit ni l'obligation de *prendre* ; et c'est malheureusement une règle que, depuis plus de dix ans, le gouvernement piémontais s'obstine à méconnaître. Maintenir l'ordre en Toscane et dans le royaume de Naples, après en avoir chassé les princes légitimes pour s'emparer de leur trône : c'est une responsabilité qu'il a prise, mais devait-il la prendre ? Maintenir l'ordre dans les Romagnes, les Marches et l'Ombrie, après les avoir violemment arrachées au domaine pontifical, c'est encore une responsabilité qu'il a prise, en passant par les sauvages atrocités de Castel-fidardo ; mais devait-il la prendre ? Et, maintenant encore, protéger l'ordre dans le reste du terri-toire romain qui n'a pas le moindre désir de son appui, assurer la sécurité du Saint-Siége qui ne lui demanda jamais ce service, c'est une dernière responsabilité qu'il a *prise ;* mais qui lui imposait le devoir, qui lui donnait la permission de la pren-dre ? N'admirez-vous pas ce malfaiteur qui s'éta-blit et s'installe par la force dans le château d'un grand propriétaire, après en avoir égorgé quel-ques serviteurs, et qui lui dit : « Je viens main-tenir l'ordre dans votre maison, et pourvoir à la sécurité de votre personne. Je me fais un *devoir* de prendre cette *responsabilité ?* » Et voilà le Pié-mont. On parle d'un *devoir*, et il n'y a qu'un for-fait ; on parle d'une responsabilité, et il n'y a qu'un vol. Par un cynisme sans égal, on essaye d'é-lever un fait de brigandage à la dignité d'un acte de dévouement et de conscience.

Si quelque chose peut dépasser l'iniquité du fond, c'est l'emphatique solennité de la forme.

Ce n'est ni dans l'ombre, ni seulement sous le regard de Dieu qu'on prend la responsabilité dont on se charge, mais on l'assume au grand soleil, *en face de l'Europe et de la Catholicité*. On les méprise assez l'une et l'autre pour supposer ou qu'elles ne sauront ni comprendre ni mesurer l'horreur du crime qu'on se propose d'accomplir, ou que, s'en rendant compte sous son vrai jour, elles ne se donneront pas le mérite de s'en indigner. On ne pouvait pas leur faire un plus sanglant outrage. Mais on s'est trompé. Que pensera, que dira, que fera l'Europe ? C'est-à-dire comment se comportera, dans ses jugements sur ce fait abominable, le scepticisme des gouvernements et celui des libres penseurs qui les inspirent ou les entourent ? Nous n'avons pas à le deviner. Mais pour la *Catholicité*, nous savons quel sera son arrêt, parce qu'elle l'a déjà prononcé. En Allemagne, en Angleterre, en Espagne, en France, en Italie même, les Évêques ont uni leurs voix à celle de Pie IX pour protester avec énergie contre la dérisoire *responsabilité* que croit *devoir prendre* l'usurpateur couronné de Florence, et ne voir dans ses paroles qu'un dessein parricide, cherchant tout ensemble à s'annoncer et à se déguiser sous une hypocrisie de langage.

X. — *Même sujet.*

Même hypocrisie dans l'indication des motifs, ou plutôt des soi-disant périls dont on s'inspire. Et d'abord rien de plus faux que les périls intérieurs, on le sait bien. « L'état d'esprit des populations gouvernées par Votre Sainteté, et la présence parmi elles de troupes étrangères, venues de lieux divers, avec des intentions diverses, sont un foyer d'agitation et de périls évidents pour tous [1]. » Mensonge ! Ces troupes étrangères quelles sont-elles ? Ce ne sont plus les troupes françaises ; nous ne savons que trop qu'à la date de la lettre royale, elles ont quitté l'Italie depuis plus d'un mois. Ce sont les volontaires qui de l'Irlande, de la Belgique, de la Hollande, de l'Al-

[1]. Même document.

lemagne, du Canada, de Suisse, d'Espagne et de France, sont accourus auprès du Saint-Père, pour honorer sa royauté, soutenir ses droits, et verser au besoin leur sang au service de sa cause qui est celle de l'Église et de la civilisation. Eh bien! outre que ces nobles légions ne sont pas des troupes étrangères, parce que Rome est la patrie de tous les catholiques, elles ont encore l'honneur de n'avoir jamais été ni pour les États pontificaux, ni pour l'Italie honnête une cause d'agitation ni un foyer de périls. Bien au contraire, de Civita-Vecchia jusqu'à Palestrina, de Bagnorea jusqu'à Ceprano, la population saine vivait non-seulement paisible, mais heureuse à l'ombre de leur protection, parce qu'il lui semblait être placée sous la garde même du monde. Qu'une poignée de révolutionnaires farouches et méprisables les eût en horreur et fût impatiente de les chasser ou de les égorger, je ne le conteste pas. Mais ces misérables n'étaient pas le peuple romain. Lui regardait d'un tout autre œil l'armée pontificale. Il en bénissait la présence comme un bienfait, tant il était loin d'en gémir comme d'une

tyrannie, ou de s'en irriter comme d'une honte !
C'était même parce qu'elle assurait l'ordre avec
un ascendant si respecté que les Huns et les Vandales de Florence frémissaient de tant de rage
contre elle par delà les frontières, comme le loup
rugit à la porte d'un bercail dont les brebis sont
trop tranquilles à l'abri de barrières trop bien
fermées.

Ainsi pas de périls au dedans pour justifier
l'invasion. Les périls du dehors étaient-ils plus
sérieux ? « Un orage, c'est le Piémont qui parle,
un orage plein de périls menace l'Europe. A la
faveur de la guerre qui désole le centre du Con-
tinent, le parti de la révolution cosmopolite augmente de hardiesse et d'audace et prépare, spécialement en Italie et dans les provinces gouvernées par Votre Sainteté, les derniers coups
à la Monarchie et à la Papauté [1]. » Deux hypo-
crisies flagrantes éclatent dans ce passage. C'est
d'abord qu'entre le gouvernement de Florence et
le parti de la Révolution cosmopolite il n'existe-

1. Même lettre.

rait rien de commun ; tout le monde sait au contraire que jusqu'à ce jour l'ambition sacrilége de
la Maison de Savoie a fait de la Révolution l'avant-
garde, l'auxiliaire, l'instrument et l'apologiste de
ses criminels envahissements en Italie. Pour elle,
en 1859, la Révolution combattait à côté de
nous dans les plaines de la Lombardie. C'était
plus tard à son profit et par son ordre que la
Révolution faisait en Sicile la fameuse descente
de Marsala. Quand Victor-Emmanuel prit possession de Naples, conquis par la triple trahison
des ministres, des généraux et de la marine, la
Révolution n'entra-t-elle pas sur le même char de
triomphe dans cette cité qu'elle lui livrait ? Il est
impossible de ne pas se rappeler qu'en 1867, à
Mentana, à Monte-Rotondo et sur toute la ligne
des frontières pontificales, derrière les bandes
Garibaldiennes qui s'apprêtaient à les franchir,
on apercevait les régiments piémontais disposés
à l'appuyer et à partager sa proie dans le cas d'un
succès. Enfin vraiment, on nous supposerait trop
naïfs et l'on aurait raison, si nous ne pensions et
ne disions pas bien haut que nous regardons la

Révolution comme tenant sous ses ongles tous les hommes d'État Italiens sans aucune exception. Ils peuvent se distinguer l'un de l'autre par des nuances secondaires ; mais pour le fond l'esprit est le même, et le général Lamarmora, le médecin Lanza, l'avocat Rattazzi, l'apostat Fra Pantaleo et le visionnaire Mazzini, quoiqu'on l'ait fait emprisonner à Gaëte, sont tous du même sang et de la même famille. Avec cela, quelle bonne grâce n'a-t-on pas à traiter en ennemie cette *Révolution cosmopolite* à laquelle on doit tout !

XI. — *Même sujet.*

Après tout de quoi feint-on de s'effrayer ? De ce que le parti de la *Révolution cosmopolite augmente de hardiesse et d'audace.* C'est vrai. Mais ceux qui font semblant de s'épouvanter ne sont-ils pas les auteurs secrets et volontaires des causes qui provoquent leurs alarmes de comédie, ou, si l'on aime mieux, la comédie de leurs alarmes ? Ces agitations, s'il en existe, sont-elles autre chose qu'un jeu dont le cabinet de Florence tient les fils et fait remuer tous les acteurs? Prend-il sur ce point la peine de se cacher? Et n'est-il pas une fois de plus démontré qu'il ne sait plus garder aucune pudeur dans la conspiration?

C'est surtout pour les provinces gouvernées par le Saint-Père qu'il craint l'explosion de *l'orage plein de périls* dont le pressentiment le jette dans les alarmes. De deux choses l'une : ou bien cet orage viendra du dehors, et alors c'est sur le Piémont qu'en retombera la responsabilité. A lui d'empêcher qu'il se forme et franchisse la frontière pontificale; il en a fait à la France la promesse solennelle. Ou bien l'on suppose que l'orage viendra du dedans, et alors on invoque, pour se donner le droit de commettre une dernière spoliation, le prétexte d'un danger chimérique. Les populations romaines ne sont nullement disposées à se livrer en proie à la *Révolution cosmopolite*; et quand la *Révolution cosmopolite* ferait quelques tentatives pour les séduire ou les subjuguer, elle serait, au premier mouvement, comprimée sans

4.

difficulté, comme sans espoir par la vaillante armée pontificale. L'Italie sait fort bien qu'il ne lui est pas permis d'en douter.

Et qu'on ne répète pas cette stupide allégation que les populations romaines ne supportent qu'en frémissant cette milice venue au Saint-Siége de tous les pays du globe. A part les révolutionnaires italiens, qui après tout le disent eux-mêmes sans y croire, qui n'a pas vu le contraire ? L'armée pontificale n'était pas pour les Romains le fruit amer de la conscription ni le symbole de l'impôt forcé du sang ; tous ses soldats s'étaient enrôlés volontairement sous le drapeau du Saint-Siége. La dépense annuelle de son entretien n'était pour les contribuables qu'une charge légère, si toutefois c'était une charge quelconque ; presque tous ses frais étaient couverts par les offrandes du denier de Saint-Pierre. Sans imposer de sacrifices au peuple elle lui rendait des services immenses. Commandée par des chefs du plus haut mérite, vigoureusement constituée, pourvue d'un matériel parfait, elle a su par la puissance de sa discipline, par l'éclat de sa vaillance, par l'honneur d'une moralité sans égale et d'une fidélité sans exemple à la cause qu'elle servait, conquérir un des premiers rangs dans l'admiration de l'Europe, et donner à l'État pontifical une sécurité dont il savait être reconnaissant. Il en bénissait la tutelle, tant il était loin de s'en indigner ! Nulle agitation ne pouvait sortir de là parce qu'il n'y avait point de mécontentement. Et quand quelques insensés se fussent hasardés, soit à Rome, soit dans la province, à susciter le désordre et la révolte, les vainqueurs de Monte-Libretti et de Mentana les eussent bien aisément et bien vite comprimés; la tranquillité de l'Italie et des États-Pontificaux n'en eût point été compromise. Aucun détail de cette situation n'est ignoré de Florence, et les périls indiqués par le message royal ne sont pour celui qui l'a tracé qu'une déloyale fiction.

A ce titre nous repoussons comme une indécente ironie l'éloge qu'en vue de ces dangers imaginaires, il adresse au Souverain Pontife. « Je sais, Très-Saint-Père, que la grandeur de votre âme ne le céderait jamais à la grandeur des événements [1]. » Vraiment c'est trop de générosité. Sans doute si les orages qu'on paraît redouter éclataient, la magnanimité de Pie IX saurait leur tenir tête. Mais il n'a pas besoin de se préparer à cet acte de courage ; nulle crainte ne lui vient du côté de ses sujets qui le chérissent et n'auront jamais par eux-mêmes ni l'envie de se soulever, ni celle de chasser ces troupes que le Piémont, dans son jargon sauvage, appelle des *mercenaires*. Tel est l'état vrai des choses. Et c'est là précisément ce qui rend plus odieuses les louanges, entremêlées d'apparentes alarmes, que le gouvernement de Florence décerne à Pie IX. Les voyez-vous ces nobles fils de ce noble père ! Ils ont peur que son intrépidité lui soit un péril ! Que deviendraient-ils, ces tendres enfants, si son courage allait se jouer avec la tempête et se *tenir à la hauteur de ce fier désespoir ?* Leur exquise sensibilité ne peut se résigner à subir de telles angoisses ! Misérables comédiens ! ces épreuves qu'ils ont l'air de vouloir écarter, ce

1. Même lettre.

sont eux précisément qui les déchaîneront contre le Pape. Ils prétendent s'imposer à lui comme de futurs protecteurs, ce qui est déjà fort étrange ; et dans l'ombre, une ombre au fond de laquelle tout le monde peut lire, ils forment contre lui des projets de spoliateurs et de spadassins, ce qui est monstrueux ; ils ne veulent pas qu'il déploie sa grandeur d'âme contre les dangers d'une révolution intérieure, et par la plus abominable des inconséquences, ils le condamneront à la déployer contre le crime de leur propre invasion. Mais qu'ils se rassurent ; si barbares qu'elles se montrent, leurs hordes envahissantes ne le feront ni trembler, ni fléchir ; grâce à sa fermeté digne de Grégoire VII, leurs panégyriques moqueurs deviendront l'expression d'une réalité sublime, et à quelque degré que s'élève l'iniquité piémontaise, elle trouvera dans le Pontife une *grandeur d'âme à la hauteur des événements*.

A côté de ce prétexte puisé dans des périls fictifs se place celui des *aspirations nationales* à satisfaire. Cette vieille ineptie couvrant de son

voile la plus sacrilège injustice, s'est rencontrée
tant de fois sur notre chemin depuis que la question romaine est ouverte, nous en avons à tant
de reprises démasqué le mensonge, l'immoralité,
le néant, que nous ne prendrons pas la peine inutile d'y revenir encore. Qu'ils suffise de faire ob-
server avec quelle insistance audacieuse la Révolution, à l'exemple de l'hérésie, ne tenant aucun
compte des déroutes infligées par la controverse
à ses extravagances, invoque éternellement les
mêmes mensonges ou les mêmes sophismes pour
s'autoriser aux mêmes forfaits.

XII. — *Même sujet.*

Nous connaissons les dessins indiqués et
les prétextes invoqués par l'hypocrisie piémontaise. Voici maintenant ses promesses, dignes
des autres préliminaires,

« Votre Sainteté ne voudra pas voir un acte hostile dans cette mesure de précaution. » C'est bien
évident: pour protéger l'Etat pontifical contre une
Révolution dont on ne découvre pas le moindre

symptôme, et le Saint-Siége contre un danger qui ne le menace aucunement, on forcera les frontières romaines qu'on s'était engagé solennellement à ne point franchir : mesure de simple précaution. Parti d'un souverain quelconque, ce serait un acte de forban ; mais de la part du roi d'Italie, c'est un acte de pieuse prudence et de dévouement filial. Qui oserait le contester? — « Mon gouvernement et mes forces se restreindront à une action conservatrice et tutélaire des droits facilement conciliables des populations romaines avec l'inviolabilité du Souverain Pontife, et de son autorité spirituelle avec l'indépendance du Saint-Siége. » — *Mon gouvernement !* Quoi ! par-delà la frontière, dès qu'on l'aura passée, on agira comme *gouvernement*. Il est bien vrai que le Souverain-Pontife sera encore sur son trône ; il n'aura point abdiqué : les peuples catholiques continueront à le considérer comme le seul roi légitime des derniers lambeaux du domaine pontifical. Mais n'importe ; dès qu'il aura mis le pied sur le territoire romain, le protecteur se dira maître ; il ne rendra pas un service, il fera du *gouvernement, et sa Sainteté voudra bien ne pas voir un acte hostile dans cette mesure de précaution.* Voilà une délicatesse qui met la conscience et l'honneur bien à l'aise !

« Mon gouvernement et mes forces se restreindront absolument à une action conservatrice et tutélaire. » Le Piémont, il faut en convenir, a des inventions dont le mérite et la beauté n'appartiennent qu'à lui. Vous rappelez-vous la proclamation lancée par son roi la veille de l'invasion des Marches, et pour ainsi dire l'avant-veille de Castelfidardo ? Les armées se disposaient à marcher, à travers l'envahissement le plus inique, au plus inhumain des carnages, et à traduire dans des faits monstrueux la monstrueuse parole de Chambéry. L'horreur de ces projets n'empêcha point celui qui les formait de dire qu'il allait à son tour franchir le Rubicon, pour rappeler soit aux Romains, soit au Saint-Siége, *les principes de l'ordre moral* qu'ils avaient oubliés. Et maintenant c'est encore la même audace. Au lieu de respecter et de faire respecter la frontière pontificale comme il l'a juré, le voilà qui la viole pour la troisième fois. Il tue, chasse ou fait prisonnières les troupes chargées de la défendre au nom du Vatican. C'est-à-dire qu'il vole des provinces comme d'autres voleraient les fruits d'un verger ; et avec cela n'estimez pas qu'il fasse autre chose qu'une *action conservatrice et tutélaire*. Achab et Jézabel furent bien malheureux après s'être approprié par l'assassinat la vigne de Naboth, de n'avoir pas eu l'idée d'appeler ce crime *une action conservatrice et tutélaire ;* ils se seraient par là soustraits soit aux courroux du Seigneur, soit aux sinistres prédictions du prophète Elie[1]. N'était-il pas évident que ce petit coin de terre serait mieux gardé, plus sûrement *conservé* par le bras armé d'un roi que par les mains impuissantes d'un pauvre Israélite ?

On ne se dissimule pas, certes, que l'accomplissement de cette mission qu'on se donne par *pur dévouement* ne sera pas sans quelques complications. Deux espèces de droits seront en présence : *l'inviolabilité du Souverain Pontife* et les

_____

1. *III Reg.*, XXI, *passim.*

droits des populations romaines. L'autorité du Saint-Siége et son indépendance, voilà également deux intérêts engagés dans la question. Et comment faire marcher de front le respect et l'intégrité de toutes ces choses dans la fameuse *action conservatrice et tutélaire?* Les Papes et l'Esprit-Saint se sont perdus jusqu'à ce jour dans l'obscurité de ce problème et n'ont pas trouvé le secret de le résoudre. Mais pour le gouvernement de Florence les ténèbres ont disparu ; sous sa main, ces éléments, si longtemps incompatibles, vont devenir *facilement conciliables.* L'embarras vient tout entier du pouvoir temporel ; par un procédé fort simple, on le supprimera sans le Pape, même malgré le Pape. De cette dépouille qui n'est qu'un fardeau gênant pour les Vicaires du Christ, on fera son propre butin, et grâce à cette *action conservatrice et tutélaire*, on aura satisfait à tous les *droits* et pleinement assuré *l'indépendance du Saint-Siége.*

On dira peut-être, sous une impression de scrupule, que dans le Pape il y a deux sortes de droits, les droits du Pontife, et les droits du prince ; et que si le Piémont, en passant la frontière sans y être autorisé, sauve les droits du Pontife, ce qui est très-peu clair, on ne voit pas qu'il fasse en cela preuve de respect pour les droits du prince. Inquiétude inopportune ! Vaine et inconvenante curiosité ! La piété filiale du gouvernement de Florence pour Rome est si profonde, qu'il lui est impossible de rien se permettre qui ne soit parfaitement légitime ; et en spoliant pour la troisième ou la quatrième fois le Saint-Père à la façon dont on détrousse le voyageur dans une forêt, on se renferme dans les limites d'une *action conservatrice et tutélaire.*

XIII. — *Même sujet*

Autant on se croit généreux dans la promesse, autant on affecte d'être hardi dans l'espérance. « Si Votre Sainteté, comme je n'en doute pas, et comme son caractère sacré et la bonté de son âme me donnent le droit de l'espérer, est inspirée d'un désir égal au mien, d'éviter tout conflit et d'échapper au péril d'une violence, elle pourra prendre avec le comte Ponza di San Martino... les accords qui paraîtront devoir mieux conduire au but désiré [1]. » Chose frappante! Le loup commence à se montrer ici sous la toison de l'agneau. Jusqu'à présent on a déclaré ne vouloir accomplir qu'une *action conservatrice et tutélaire*; on n'a fait entendre dans sa voix que l'accent de la douceur et de la tendresse. Mais voici qu'elle vient de rendre un son plus rauque et plus menaçant. On parle *d'un conflit à éviter;* il est question *d'échapper au péril d'une violence.* Et d'où naîtrait ce *conflit,* d'où partirait cette *violence,* qu'on serait si heureux d'épargner au Saint-Père? C'est de l'auteur même de la lettre bien évidemment. A la vérité, cette sinistre intention paraît peu compatible avec la mission *toute et purement* filiale à laquelle on prétend devoir se borner. Mais on n'y regarde pas de si près; on s'estime en *droit d'espérer* que le Saint-Père prendra peur; que la grandeur de son caractère fléchira devant la certitude des brutalités qu'on lui fait entrevoir;

1. Même lettre.

qu'enfin Pie IX cessant d'être lui-même, bénira la consommation de l'invasion piémontaise, ce long forfait contre les débuts duquel il a lancé des foudres inexorables. Certes, il n'est personne qui ne voie que l'expression de cette confiance est une insulte pour le Saint-Père. Mais à parler franchement, nous la trouvons encore plus naïve qu'elle n'est outrageante.

L'espérance est tellement inépuisable dans l'auteur du message qu'il la fait encore éclater sous une autre forme non moins audacieuse que la première. « Que Votre Sainteté me permette d'espérer encore que le moment actuel, aussi solennel pour l'Italie que pour l'Eglise et la Papauté, rendra efficace l'esprit de bienveillance qui n'a jamais pu s'éteindre dans votre cœur, envers cette terre qui est aussi votre patrie, et les sentiments de conciliation que je me suis toujours étudié avec une persévérance infatigable, à traduire en actes [1]. » Voilà de l'intrépidité. Oui, certes, il y a quatorze ans que le Maison de Savoie brûle pour

---

1. Même document.

la péninsule italienne, qui ne fut point sa patrie, non-seulement d'un amour de *conciliation*, mais, ce qui est beaucoup plus *intime et plus tendre*, d'un amour d'*annexion*. Elle n'en a pas fait mystère pour le monde, et l'on ne saurait nier, sans devenir injuste, qu'elle s'est *étudiée, avec une persévérance infatigable*, à *traduire en actes* cette passion généreuse. Elle désirait la Lombardie et la Vénétie ; elle s'est fait aider par la France pour *traduire ses sentiments en actes*. Elle convoitait la Toscane et les autres duchés ; encore *sentiments traduits en actes*. Un beau feu de *conciliation* la dévorait pour les Légations, les Marches et l'Ombrie ; impossible, tant cet amour était impérieux, de ne pas le *traduire en actes* à son tour. Et la Sicile et Naples avec leur mer si brillante, leur sol si fécond, leurs ruines si majestueuses, leurs souvenirs si glorieux, comment ne pas les aimer aussi jusqu'à vouloir se les unir ? Aussi le sentiment de *conciliation* s'est-il *traduit en actes* pour ce charmant royaume comme pour tout le reste. Il est bien vrai qu'on n'était en guerre avec aucun de ces Etats : n'importe. Il est vrai que le roi de

Piémont était le parent ou l'obligé de quelques-uns des princes qui les gouvernaient : n'importe encore. Il est vrai enfin qu'on avait authentiquement reconnu leurs droits et leur inviolabilité dans le traité de Zurich : n'importe toujours. On avait pour ces provinces une telle tendresse, on éprouvait à tel degré pour elles le *sentiment de la conciliation*, qu'on a dû *s'étudier, avec une persévérance infatigable, à le traduire en actes*, et passer pour le satisfaire sur toutes les barrières élevées devant lui par la religion, la justice, le droit international, le cri de la nature, la délicatesse et l'honnêteté même la plus élémentaire. Et maintenant le même besoin de *conciliation* se tournant du côté de Rome, il faudra bien apaiser aussi cette torture et travailler jusqu'au bout, *avec une persévérance infatigable, à traduire en actes* cette patriotique ambition dont on est épris pour l'unité de l'Italie. A partir de 1856 jusqu'à cette heure, telle a été la conduite du Piémont vis-à-vis de l'Italie, mais surtout à l'égard du Saint-Siége : convoiter avec frénésie le domaine pontifical, le réclamer comme une propriété légitime au titre

mensonger des *aspirations nationales*, s'en appro-
prier successivement les provinces par de sanglantes rapines, solliciter le Souverain Pontife de
bénir ce brigandage au lieu de le condamner;
c'est là ce qu'on appelle s'être étudié avec une
persévérance infatigable *à traduire en actes des
sentiments de conciliation.* Aimable *conciliation*
du tigre avec sa proie qu'il déchire et dévore
d'un ongle et d'une dent impitoyables, sans comprendre qu'elle ne trouve pas cette voracité qui
la tue aussi douce que légitime.

Mais non : il n'est pas possible que cette fièvre
de *conciliation* dont le gouvernement piémontais
est consumé ne touche pas le cœur du Saint-Père.
A lui aussi, l'Italie est sa patrie ; il a pour elle une
bienveillance que rien n'a jamais pu éteindre ; un
dernier effort la *rendra efficace,* de manière à ce
qu'elle se prête à ces sentiments de *conciliation*
dont la Maison de Savoie a donné tant de gages,
depuis l'invasion de Ferrare et de Bologne dont
elle fut l'auteur, jusqu'aux horreurs de Mentana
dont elle fut la complice. Quelle révoltante dérision ! Ah ! oui, certes, Pie IX a toujours eu pour

l'Italie une bienveillance impossible à décourager : nul Italien, s'il est honorable, ne peut se vanter d'être plus italien que lui. Et dans cette vieille patrie dont il est le fils dévoué, le modeste coin de terre dont il est le roi, doit à son sage et paternel gouvernement d'être resté un État florissant et paisible, tandis que partout ailleurs la Péninsule s'est épuisée en agitations sans fruit comme sans honneur. Où trouverez-vous les lois plus équitables, les mœurs plus saines, les sciences mieux cultivées, les arts plus honorés, les finances mieux administrées, l'agriculture plus encouragée, l'ordre mieux assuré, le pouvoir plus aimé, les populations plus satisfaites et moins avides de révolutions politiques ? Et grâce à ces avantages qui ne peuvent être contestés, grâce à l'incomparable sagesse de Pie IX qui les lui procure, Rome n'est-elle pas plus que jamais, l'ornement de l'Italie, la reine des cités, le rendez-vous général du monde ? Sans doute ; mais un malheur ternit toutes ses gloires : c'est qu'elle s'appartient à elle-même et que le Pape en est encore le Souverain. Le Piémont est enivré pour elle d'un *sentiment* affectueux

5.

de conciliation; voici des années et des années qu'il *s'étudie à le traduire dans des actes*, avec une *persévérance infatigable* et par tous les moyens les *plus moraux*, c'est-à-dire les plus honteux dont puissent disposer la déloyauté de la diplomatie et l'audace de la révolution. Il a besoin d'espérer que de si louables intentions, servies par de si purs instruments, finiront par désarmer le Saint-Père et par le décider à se jeter de lui-même dans la gueule du lion, dont la voix, contrefaisant celle de la brebis, l'invite avec tant de douceur à se laisser dévorer.

XIV. — *Même sujet.*

Est-il rien sur terre de plus délicat que celui qui demande la permission d'exprimer cette insultante espérance? S'il s'adresse encore, comme il eut à le faire autrefois, au cœur de Sa Sainteté, c'est « avec une affection de fils, avec une foi de catholique, avec une loyauté de roi, avec un sentiment d'Italien[1]. » Oui, certes, c'est un *fils* qui a

---

1. Même document.

tenté de flétrir l'honneur de son père, qui l'a dépouillé de ses biens, qui en a égorgé les serviteurs et qui, sans égards pour la majesté de ses
cheveux blancs et de sa vieillesse octogénaire, le
tient prisonnier dans sa maison, jusqu'à ce qu'il
soit jeté dehors sans asile et sans pain. Peut-on
concevoir une affection plus tendre et donnant
d'elle-même des témoignages plus généreux ? —
Oui encore, c'est un *catholique* dont la *foi* se moque respectueusement de l'autorité du Saint-Père, condamne les doctrines, les jugements et les
actes qui en émanent, brise arbitrairement les
conventions faites avec lui, marque à sa juridic-
tion les bornes dans lesquelles elle doit se renfermer, enfin prétend avoir le droit de braver les
excommunications frappées d'impuissance par le
progrès des siècles. Ne sont-ce pas là les gages
d'une *foi* merveilleuse ? — Oui encore, c'est avec
la *loyauté d'un roi* qu'il écrit ; loyauté magnifi-
que, et qui lui commanda, sans aucune exception,
d'être infidèle à ses promesses, parjure à ses ser-
ments, violateur de tous les droits, contempteur
de tous les traités, transgresseur de toutes les

règles même les plus rudimentaires de la guerre
et de l'humanité. Depuis les barbares, si je ne me
trompe, on n'avait pas vu dans le monde un si bel
exemple de la *loyauté* des rois. — Oui enfin c'est
encore un *sentiment d'Italien* qui dicte le message.
Italien très-contestable puisqu'il n'est que piémontais. Italien qui n'entend rien aux vraies traditions de l'Italie moderne et aux sources de la
grandeur, puisqu'elle la doit non pas à l'unité qui
n'exista jamais même sous les Romains, mais à
la puissance du municipe, à la multiplicité des
petits États et à la féconde émulation qu'elle a
produite. Italien qui veut tenter l'impossible en
exigeant que, tout d'un coup et sans préparation,
Vénitiens et Calabrais, Lombards et Napolitains,
Toscans et Siciliens, Gênois, Pisans et Romains,
oublient leur histoire, se dépouillent de leurs caractères particuliers, de leurs mœurs, de leurs
lois et de leurs coutumes locales, pour fraterni-
ser les uns avec les autres, et puiser, par une
sorte de création nouvelle, dans un seul et même
moule, une seule et même physionomie. Italien
qui ne sait pas voir d'une part que la véritable

Italie moderne se résume dans la Papauté, d'autre part que la Papauté fait encore sa plus haute majesté vis-à-vis du monde, et que remplacer en elle le trône auguste de Pierre par le trône vulgaire d'un usurpateur piémontais, c'est la déposséder de son plus glorieux diadème. N'est-ce pas en vérité bien entendre le sentiment italien et se préoccuper avec intelligence de la grandeur de la patrie ?

Qu'on ait osé faire porter une semblable lettre au Souverain Pontife, c'est chose inconcevable. Ou bien l'on a cru qu'elle serait prise au sérieux ; et alors quelle idée se formait-on de Pie IX, le plus droit et le moins défiant des hommes, mais aussi de tous les souverains le plus pénétrant et le plus impossible à tromper? Ou bien l'on a présumé qu'elle serait prise pour ce qu'elle était, c'est-à-dire pour une dérision ; et alors quelle criminelle impudence que celle de l'adresser au plus vénérable des vieillards, au plus auguste des rois, au plus grand et au plus honoré des Pontifes ! Quels qu'aient été après tout les pressentiments qu'on en avait conçus, elle n'est en elle-même qu'une odieuse hypocrisie destinée à servir de prélude et pour ainsi dire à frayer la voie au plus sacrilége des attentats ; et s'il est vrai, comme on l'a raconté, qu'en présence du comte Ponza di San Martino qui la lui avait remise, Pie IX, après l'avoir lue, ait répété ces foudroyantes paroles du Maître aux Pharisiens : *Sépulcres blanchis, race de vipères*, il aura parfaitement défini le caractère et l'esprit de ce révoltant message.

Une circulaire rédigée dans le même sens, et reproduisant, dans les passages les plus significatifs, absolument les mêmes termes, fut envoyée par M. Visconti-Venosta à tous les représentants du Piémont à l'étranger, en même temps que la lettre royale partait pour le Vatican. Notre *Journal officiel* nous a donné cette note dans ses colonnes [1]. Il serait inutile de la discuter après les réflexions qui précèdent : ce que nous avons dit du document royal s'applique point par point à la dépêche ministérielle. C'est le même rôle joué

---

1. *Journal officiel*, septembre 1870.

par deux acteurs dans la même comédie, mais sur différents théâtres.

XV. — *A l'hypocrisie des préliminaires s'unissent la déloyauté, la barbarie et l'immoralité dans le fait même de l'invasion.*

Honte d'hypocrisie dans les préliminaires. Honte d'immorale et barbare déloyauté dans le fait même de l'invasion. Rome est par excellence la ville des beaux monuments ; elle est aussi plus que toute autre cité d'Europe, la ville des eaux jaillissantes ; de ses admirables fontaines, ce ne sont pas des ruisseaux, mais des fleuves qui s'épanchent. A toutes celles dont le murmure la réjouit et dont les flots l'inondent depuis des siècles, Pie IX, vers le milieu de septembre dernier venait d'ajouter la restauration d'un aqueduc antique et le retour d'une eau que les vieux Romains appelaient *Murcia*. Ce grand acte de la prévoyance pontificale avait mis et tenait encore la population dans la joie, lorsqu'on apprit que les Piémontais avaient franchi la frontière, non pas à la façon d'un protecteur, mais à la manière d'un ennemi. Les braves , ils savaient bien que l'armée du Pape éparse sur tout le territoire romain , ne dépassait pas le chiffre de dix mille soldats ; et près de soixante mille hommes s'avançaient pour la combattre et au besoin pour l'écraser. Elle était chez elle ; en défendant le sol qui la portait, elle remplissait un devoir ; et malgré cela ceux de ses détachements qui purent être saisis furent faits prisonniers de guerre ; ceux qui jugèrent prudent de se replier sur Rome, durent prendre des routes écartées pour échapper aux chaînes dont on les menaçait. A ceux qui se renfermèrent à Civita Vecchia on fit proposer une capitulation qu'ils se virent forcés de subir comme des vaincus. Enfin les régiments qui se réfugièrent à Rome durent se préparer à soutenir un assaut. Le Piémont avait juré d'aller protéger le Saint-Père chez lui et, s'il le fallait, malgré lui. Pour *traduire en actes* cette inspiration de piété filiale, les canons de Cadorna ouvrirent la brèche dans les vieilles murailles de Rome. Un armistice fut alors conclu; mais le général envahisseur était si impatient de voler au secours du Saint-Père, qu'il permit à ses troupes de violer les lois sacrées de la suspension d'armes; et le torrent, déchaîné par la déloyauté de ceux dont la voix aurait dû le contenir, se hâta, surmontant toutes les barrières, de déborder avant l'heure sur la Ville éternelle, et de pousser jusqu'au pied du Vatican le fracas et l'écume de ses vagues en furie.

Cette honte de déloyauté ne suffit pas à l'invasion, elle s'empresse d'y joindre celle d'une immoralité sauvage. A la suite de son armée régulière, le gouvernement usurpateur fit entrer à Rome, pour y feindre l'enthousiasme patriotique au travers de dégoutantes saturnales, une autre armée composée de trois éléments farouches, et farouches parce qu'ils étaient immondes. C'étaient des exilés romains, épaves souillées de diverses révolutions antérieures. C'étaient ensuite des garibaldiens, dignes de leurs chefs, et complices à différents degrés des ignominies où s'est traîné, depuis dix ans surtout, ce général de théâtre qui, ne pouvant arriver à la renommée par la voie du génie et de l'honneur, n'a pas rougi d'y marcher par la démagogie et le brigandage. C'étaient enfin des forçats libérés ramassés de tous les coins de l'Italie ; on se hâta d'y mêler des prisonniers dont on rompit les fers à Rome même. Et afin que ce chœur triomphal ne laissât rien à désirer, on avait amené pour en être le complément, je ne sais quelle légion de bacchantes éhontées, de harpies impudentes, sorties de tous les égouts de Babylone, et destinées, dans la marche du vainqueur vers le Capitole, à représenter la pudeur, comme des scélérats stipendiés devaient y représenter l'honneur et la probité.

Et qu'a fait cette vile multitude pour glorifier les conquérants dont elle formait l'escorte ? Le gouvernement envahisseur avait des haines impies et féroces ; n'osant les assouvir directement et par lui-même, il a confié cette charge aux bandes infernales qu'il traînait après lui. La brèche franchie, elles se sont mises à l'œuvre avec l'abominable entrain qu'on devait en attendre. Elles ont épouvanté la ville par des vociférations barbares

et des chants où le cynisme de la licence le dispu-
tait à celui du blasphème ; elles ont outragé des
citoyens paisibles, insulté des religieuses, tenté
d'assassiner des prêtres. C'est surtout contre les
soldats pontificaux et en particulier contre les
zouaves qu'elles se sont acharnées avec le plus
de fureur. Qu'avaient-ils fait ces admirables
guerriers, sinon remplir héroïquement leur
devoir, demeurer fidèles jusqu'au sang au plus
sacré des drapeaux, à la plus légitime des causes,
acquérir par conséquent les titres les plus éclatants au respect même de leurs adversaires.
Mais c'est précisément parce qu'ils étaient plus
honorables que cette foule abjecte les avait
plus en horreur. A tous elle prodigua les injures ;
elle en brutalisa plusieurs ; on assure même
qu'elle en massacra quelques-uns et mit leurs
corps en pièces, se donnant ainsi, en plein dix-
neuvième siècle et au nom de la civilisation moderne, des satisfactions dont se seraient presque
effrayés des cannibales.

De savoir si les généraux piémontais furent les
instigateurs et les complices formels de ces atro-

cités, c'est le secret de Dieu ; mais ce qui est sûr, c'est qu'ils ne firent rien pour les comprimer, ce qui leur eût été très-facile, et que par là même il les encouragèrent. Ce qui n'est pas moins certain, c'est que, par une inertie voisine de la trahison ils rendirent illusoire, inexécutable, au détriment des troupes pontificales, le deuxième article de la capitulation du 20 septembre. Cette clause déclarait que la garnison sortirait de Rome avec les honneurs de la guerre, emportant ses drapeaux, armes et bagages. « Les honneurs militaires une fois rendus, elle déposera les drapeaux, les armes [1]. » Qu'on eût contraint le Saint-Père à faire signer cette convention par le commandant général de son armée, c'était une iniquité qu'eût à peine commise Attila. De quel droit, sinon celui de la force, venait-on dissoudre et chasser cette nouvelle légion thébaine ? De quelle autorité se prévaut-on, sinon celle du nombre et de la violence, pour lui faire livrer ses drapeaux et déposer ses armes ? Quelle excuse invoque-

1. Capitulation datée de la villa Albani, 20 septembre 1870, et signée Cadorna, Kanzler. — Art. 11.

t-on pour en traiter les soldats en vaincus et les éloigner en proscrits, quand on avait annoncé qu'on devait les aborder et les assister en frères? Mais ce qui est plus lâche que tout cela, c'est qu'après avoir promis dans un acte solennel qu'on leur permettrait d'emporter leurs bagages, on a laissé la populace les mettre dans l'impossibilité de recueillir le bénéfice de cette stipulation. S'ils s'étaient séparés et répandus dans la ville pour aller chercher ce qui leur appartenait, on les aurait insultés assurément, égorgés peut-être. Malheur à ceux qui ont tenté de le faire! Si quelques-uns ont réussi, c'est grâce à des déguisements qui ont empêché qu'on ne les reconnût; et par là, sous les yeux de ces Piémontais qui se disaient venus à Rome pour y maintenir l'ordre et la sécurité, on a vu le dévouement militaire, le plus fier et le plus généreux, obligé de se dérober aux emportements populaires avec plus de soins que n'eussent dû le faire la scélératesse et et la félonie.

Quant aux honneurs de la guerre, ils n'ont pas été pour ces héros le moins cruel supplice.

Certes, avant de défiler, ils en reçurent un magni-
fique, et dont la mémoire entretiendra dans leur
âme une impérissable émotion. Ils étaient sur la
place Saint-Pierre ; l'heure du départ allait
sonner ; leurs yeux et leurs mains se tournant du
côté du Vatican, une fenêtre s'ouvre au palais,
et le Saint-Père, qu'ils ont si filialement aimé,
si noblement défendu, leur envoie, au travers de
ses sanglots et de ses larmes, une bénédiction à
laquelle ils répondent par une immense acclama-
tion de : « Vive Pie IX ! » Et puis les voilà qui
s'en vont passer, le front ferme et digne, sous le
regard de Bixio qui les accable de son arrogance
piémontaise et révolutionnaire. La vérité dit déjà,
et l'histoire attestera plus tard que l'honneur ne
fut pas ici du côté des vainqueurs, mais du côté
des vaincus. Les premiers sont sottement fiers
d'avoir réduit, avec soixante mille hommes, dix
mille soldats qu'ils n'avaient pas le droit de combattre et dont l'obéissance est venue enchaîner le
bras à la dernière heure ; aux seconds appartient le mérite d'avoir eu des cœurs de lions,
et la résolution sainte de périr jusqu'au dernier,

si Pie IX, leur père et leur roi, les eût laissés maîtres d'écouter pleinement l'inspiration de leur courage. Dans les premiers l'orgueil du triomphe n'est qu'un odieux ridicule, parce qu'il naît d'un facile abus de la force; dans les seconds une sainte fierté est un droit, parce qu'ils ont dans la conscience le sentiment du devoir héroïquement accompli. Enfin, même quand ils pourraient être aussi glorieux de leur victoire qu'ils doivent en être honteux, les premiers la déshonorent par l'inhumanité qu'ils déploient envers les seconds : ils les laissent partir sans argent, presque sans vêtements et sans pain; il faut qu'avant de prendre les wagons qui doivent les emporter, ils fassent une longue et laborieuse marche, afin qu'il soit impossible à la vraie population romaine de leur exprimer et ses regrets pour leur départ, et sa reconnaissance pour leurs services, et son désir de les voir au plus tôt revenir à la place des barbares cohortes qui les proscrivent. Et voilà que, le lendemain, ces preux se sont vengés de leurs bourreaux, soit en montrant à leur pays comme une parure, l'uniforme en lambeaux avec lequel le Piémont les avait fàit partir, soit en courant aux combats de notre armée de la Loire, prouver que les soldats pontificaux portaient dans leur sein le feu le plus ardent de la valeur française [1].

XVI. — *Attentats multipliés dans les procédés d'installation.*

Au crime d'un envahissement immoral et féroce, succèdent coup sur coup des attentats multipliés comme moyens d'installation. Attentats contre la propriété; on s'est emparé sans procès comme sans façons de toutes celles qu'on a jugées à sa convenance, qu'elles fussent biens de l'État, ou biens des particuliers ; il y a longtemps déjà que le Piémont s'est formé la conscience sur ce point de morale, et que son sommeil, après

1. Voir sur toutes ces indignités commises par le Piémont la brochure intitulée : *les Derniers jours de l'armée pontificale,* par Eugène de Gerlache, S. J.

les rapines les plus monstrueuses, est aussi paisible, aussi profond que celui du serpent du désert après que ces énormes reptiles ont englouti leur proie. Ce sont surtout les propriétés des Ordres religieux qu'il recherche avec plus d'attrait et dévore avec plus de tranquillité. Il y a dans ce forfait sacrilége je ne sais quelle haute saveur qui lui sourit et qui l'enivre. — Attentat contre la législation. Les lois romaines et pontificales constituent le code le plus pur, le plus sage, le plus élevé qui soit au monde. Mais on se presse de les détrôner pour leur substituer le recueil des lois piémontaises, si souvent médiocres et non moins fréquemment impies. — Attentat contre la science. Après en avoir fait baisser le niveau dans les provinces antérieurement usurpées et surtout dans l'université de Bologne, il est tout naturel qu'ils aient hâte d'en décréter la déchéance à Rome. On sait, quand on a eu le bonheur de voir le Collége romain, combien les études y étaient florissantes. Presque tous les maîtres étaient des hommes supérieurs, et quelques-uns d'entre eux, tels que le père Secchi, avaient une renommée aussi vaste que le monde. Des élèves, accourus de tous les coins de l'univers catholique, assistaient à leurs cours; et c'était chose merveilleuse que tant de jeunes gens d'origines, de races, de langues et de livrées diverses, réunis pour puiser à ce riche foyer une lumière dont ils devaient ensuite reporter le bienfait à toutes les civilisations. Mais ces professeurs incomparables étaient jésuites et représentaient le grand et vrai savoir; il a fallu que Lamarmora, pour accomplir son œuvre libératrice, commît contre eux deux forfaits, celui de voler l'établissement matériel sous le toit duquel ils enseignaient, celui de les chasser eux-mêmes et de désigner des laïques pour occuper leurs chaires devenues vides. Le lieutenant général du roi s'est acquitté de ces deux crimes avec une tranquille audace; et grâce à lui, les nouvelles générations de Rome, comme celles de Turin, de Milan, de Florence et de Naples, auront désormais l'honneur d'être élevées dans les ténèbres par des enfants des ténèbres[1].

1. Clôture du Collége romain et documents qui s'y rattachent. (*Unità cattolica*, n⁰ˢ 263, 265, 280.)

Pour justifier cette inexcusable mesure, un personnage du nom de Brioschi a bien essayé de démontrer, dans un rapport officiel, que l'état de l'enseignement était lamentable au Collége romain sous le gouvernement pontifical. Comment pouvait-il le savoir, lui qui n'en avait ni suivi les cours, ni inspecté les études ? Ce n'est pas la question. Il s'agit tout simplement de croire sur sa parole que, dans cette école appauvrie, on ne professait convenablement ni le grec, ni le latin, ni les sciences, ni la grammaire, ni surtout l'art de penser ; et que le but poursuivi par les maîtres, était d'étouffer dans le vide l'intelligence des élèves. Infortuné Brioschi qui n'a pas su comprendre que l'excès même de l'accusation en constaterait la démence, quand la statistique des nobles esprits romains n'en ferait pas éclater l'injustice ! Mais pour comble de malheur, le P. Ragazzini, recteur du Collége romain, l'a saisi dans ses serres formidables ; il l'a mis en pièces dans une réfutation non moins spirituelle que logique ; et l'imprudent Brioschi ne sort de là que pour rester convaincu d'avoir écrit une longue calomnie en très-mauvais italien. Que serait-il donc devenu, s'il avait dû rédiger son mémoire en latin [1] ?

Attentats contre l'art. Le grand art ne connaissait plus d'autre asile que Rome dans le monde ; et Rome n'avait cette gloire que parce que Pie IX suivait sur ce point les exemples et les traditions de ses prédécesseurs. Aux fouilles merveilleuses d'Ostie et de l'Emporium, aux travaux admirables exécutés dans la royale basilique de Saint-Paul, à Saint-Laurent hors des murs et à l'Agro Verano, à santa Maria in Transtevere, au Janicule et en mille autres endroits, on reconnaissait encore vivant dans la papauté le souffle qui fit éclore autrefois Raphaël et Michel-Ange. Non-seulement il n'est pas de petit Etat, mais il n'est pas de grand royaume où l'on ait fait d'aussi beaux monuments que dans l'humble capitale des Etats-Pontificaux. Que le Piémont y règne six mois, et l'on verra descendre sur les splendeurs qu'elle

---

1. L'*Insegnamento in Roma e il consigliere di Luogotenenza Brioschi.*—Da P. Ragazzini. (*Unità cattolica*, ann. 1871, nᵒˢ 25, 26, 27.)

doit à ses pontifes, les honteuses dégradations
dont gémissent déjà Pise, Gênes, Florence, Pa-
doue, Parme, Plaisance, Bologne, Ravenne et
Venise. La dynastie piémontaise est incapable
d'avoir aucun souci des arts. Et d'ailleurs qui ne
sait que la Révolution, même couronnée, est l'ennemi le plus implacable des hautes inspirations et
des grandes œuvres du génie ? — Attentat contre
la liberté. Un seul mot dira tout ; pour les journaux pervers il n'existe ni censure ni répression;
mais les journaux catholiques ont été frappés de
vingt-quatre saisies en six semaines. Le lot
particulier de l'*Imparziale* a été de six con-
fiscations en dix jours ; le nombre de celles
qu'a subies l'*Osservatore Romano* ne m'est pas
présent, mais je sais que le fisc les lui a aussi
prodiguées avec opulence. Quoique reléguée à
Turin, l'*Unità cattolica* n'a pu échapper à la persécution, et je crois qu'à ce moment même elle est
sous le coup de cinq ou six procès. Et cependant
le lieutenant général Lamarmora prétendait avoir
inauguré pour Rome, aussi bien que pour l'Italie,
l'ère de la liberté ! Mais ce qu'il y a eu de plus

6.

énéreux, c'est que ce fier capitaine qui venait
ffranchir Rome esclave et renverser l'édifice du
espotisme pontifical, a cependant cru devoir re-
enir temporairement la législation des papes sur
a presse et, par un scrupule touchant, se servir
ontre les feuilles conservatrices et religieuses,
e ces dispositions exclusivement destinées à
apper les publications impies et révolution-
aires ! — Attentat contre la morale et la religion
ublique. Qui n'a pas entendu parler de l'horrible
orfait de la caserne Serristori ? Les deux auteurs
e ce crime exécrable, Monti et Tognetti avaient
té justement et régulièrement condamnés à
ort. Cette année, après l'invasion, les révolu-
onnaires ont eu la pensée d'exhumer les restes
e ces soi-disant martyrs, et de les porter triom-
halement, au jour anniversaire de leur supplice,
ans le cimetière de *l'Agro Venaro*. Une affiche,
osée partout avec l'autorisation du gouverne-
ent usurpateur, a fait connaître aux Romains
ar avance et l'heure et le programme de cette
fernale cérémonie; et si la manifestation le len-
emain n'a pas eu lieu, c'est parce que l'indigna-

tion publique a forcé le lieutenant général à conseiller l'abstention [1]. La multiplicité des lieux de
débauche hautement avoués, l'étalage sans pudeur
d'ouvrages outrageant la foi, l'Eglise et toutes les
choses saintes, de brochures corruptrices, de
gravures obcènes, de photographies immondes,
toutes ces gloires d'une civilisation fangeuse
ont pris en Italie de telles proportions que
les yeux les moins susceptibles, et les consciences les moins délicates en sont partout révoltés. Rome qui les ignorait en est dotée maintenant; les voies de la nouvelle Sion pleurent des
infamies sans nombre et sans frein dont elles sont
souillées, sous la tutelle régénératrice du lieutenant royal Lamarmora. Parallèlement à ces
scandales qui touchent aux mœurs, éclatent
d'autres scandales qui touchent à la religion.
Non-seulement on a détruit le monogramme sacré
du Sauveur sur la porte du Collége romain; non-
seulement Rome a cessé d'être par excellence la
ville des fêtes et des pompes chrétiennes; non-

[1]. Protestation du cardinal Antonelli, 25 novembre 1870.
(*Unità*, n° 289.)

seulement on a laissé des forcenés, au moyen du poignard et du *revolver*, y porter le trouble et faire couler le sang, le jour même de l'Immaculée-Conception, dans la foule paisible et pieuse, sortant à flots immenses de la Basilique de Saint-Pierre [1]; mais elle a dû voir en quelque façon se promener dans ses rues les pompes de l'incrédulité. Un misérable n'y est-il pas mort naguère en exécrant l'Eglise et le prêtre? On a dû l'enterrer comme une brute; et les hauts personnages du gouvernement usurpateur, de son armée, de sa junte municipale, se sont fait un point d'honneur d'être présents à ces funérailles de solidaire. C'était la première fois peut-être que la Capitale assistait au triomphe de l'athéisme. Ce jour-là le lieutenant général put être fier; il avait fait reculer Rome par-delà même le polythéisme.

1. Voir l'*Unità cattolica*, n° 286, 1870. *Idem*, n° 301, 1870. (Circulaire du cardinal Antonelli aux Nonces apostoliques, sur les actes sacrilèges commis en décembre. Rome, 12 décembre 1870.)

XVII. — *Même sujet.*

Attentats enfin plus ou moins directs contre le Saint-Siége lui-même. Outre le crime général d'avoir infligé par pitié filiale au Saint-Père une spoliation, contre laquelle il a toujours et solennellement protesté ; outre la double dérision des plébiscites mensongers et des chimériques aspirations nationales dont on s'est prévalu pour le dépouiller de son pouvoir temporel, en dépit des droits les plus anciens, les plus légitimes et les plus sacrés ; outre l'odieuse moquerie attachée à la promesse de lui garantir extra-territorialement l'exercice indépendant de son autorité spirituelle ; comme si la parole du gouvernement florentin constamment violée avait encore quelque titre à la confiance ! comme si ces garanties, quelles qu'elles doivent être, pouvaient jamais avoir le mérite d'égaler ou le droit de remplacer celles du Saint-Siége trouve dans la puissance fondée à son profit par les siècles et la Providence, et dont le

Saint-Siége lui-même et les évêques ont proclamé tant de fois la nécessité dans l'état présent du monde ; outre l'inexcusable impudence, après tant de coupables usurpations commises, de venir parler au Saint-Père de paix et de conciliation, à peu près comme le ravisseur qui parlerait d'arrangement et de transaction au propriétaire dont il aurait violemment envahi le domaine ; oui, outre ces iniquités fondamentales, les Piémontais n'ont-ils pas encore multiplié les vexations contre Pie IX, depuis qu'ils l'ont emprisonné dans la *cité Léonine ?* N'ont-ils pas sollicité des audiences qu'il lui est manifestement impossible d'accorder ? Ne l'ont-ils pas fait presser de paraître dans Rome, comme s'il pouvait s'y montrer tant que la barbarie et l'invasion la souilleront de leur présence ? N'ont-ils pas permis à leurs bandits soudoyés de pousser contre lui des vociférations féroces et dont les échos on dû retentir jusque dans la solitude ? N'ont-ils pas autorisé des jeux immondes à s'établir sur la place Saint-Pierre, de manière à ce que ses yeux, s'ils s'étaient portés à certaines heures dans cette direction, en eussent rencontré le révoltant spectacle? Ne l'a-t-on pas contraint de livrer à la curiosité du public une portion du palais qu'il habite? Et les chefs de l'invasion eux-mêmes n'ont-ils pas eu le monstrueux courage de venir se promener comme le vulgaire, dans ces galeries et ces musées dont toutes les pierres leur jetaient une malédiction, et dans lesquels un mur à peine les séparait du maître et de la demeure dont ils étaient les geôliers? N'ont-ils pas, allant plus loin, malgré les réclamations du Saint-Père, posé d'abord les scellés sur les portes du Quirinal, puis crocheté ses serrures, occupé ses appartements pour y préparer une résidence au roi, très-peu déterminé, dit-on, à y venir, mais assez faible pour faire ce dernier sacrifice à la révolution? Et ce qu'il y a de plus touchant, n'est-ce pas la délicatesse de conscience qu'ils déploient ici, puisqu'avant de procéder au vol, ils ont fait déclarer par des avocats qui n'ont pas osé signer leur consultation, que ce larcin sacrilége était pleinement légitime? Sans doute le Saint-Père en décide autrement; mais des avocats lâches et

félons ne savent-ils pas mieux que le Pape inter-
préter le Décalogue, et résoudre les hauts pro-
blèmes de théologie morale? N'a-t-on pas affligé
encore Pie IX en chassant, soit du Quirinal
même, soit de la Consulte les membres du Sacré-
Collége dont ces palais étaient le séjour? N'ont-
ils pas, un moment, étendu leur impie rapacité
jusque sur les offrandes adressées à l'auguste indigence du Souverain Pontife par le *denier de
Saint-Pierre*? N'ont-ils pas porté la main jusque
sur les visiteurs allant auprès de sa Sainteté ou
revenant d'auprès d'Elle, et pour excuser cette
inquisition sans excuse, n'ont-ils pas osé dire
qu'ils l'avaient faite *par erreur*? Enfin, n'ont-ils
pas essayé d'enchaîner la parole même du Pape
dans sa correspondance avec le monde, et surtout
dans sa dernière Encyclique; et parce qu'ils
n'ont pu réussir, ne se vengent-ils pas en tradui-
sant devant les tribunaux toutes celles des feuilles
publiques qui ont été assez factieuses pour l'imprimer et la répandre [1]?

---

[1]. Voir l'*Unità cattolica*, année 1870, n⁰ˢ 270, 272.

A cet ensemble épouvantable de forfaits vient de s'en ajouter un autre qui en est le digne couronnement : c'est l'installation du prince Humbert et de la princesse Marguerite au palais de *Monte-Cavallo*. A l'époque même où son fils était devenu le Roi de Rome, Napoléon 1er s'était abstenu de paraître dans cette demeure des Papes ; il en avait fait remanier la décoration ; mais il en avait craint ou respecté le séjour. Naguère encore Victor-Emmanuel n'a pu s'en approcher sans une espèce de souffrance. A peine s'y était-il assis quelques heures, qu'il se hâtait d'en partir, comme s'il en avait été chassé par de sinistres visions ou d'impitoyables remords. Avant lui, le jeune roi de Naples dont il a volé la couronne, y avait résidé ; mais c'était sur l'offre du Saint-Père, qui rendait ainsi au fils, à Rome, l'hospitalité que lui-même avait reçu du père à Gaëte. Et après tout François II avait usé de ce vénérable asile avec la discrétion la plus sévère. Il y avait des compartiments dont il s'était tenu constamment éloigné par une sorte de pieuse terreur. Mais que signifient pour le prince Humbert et la princesse

Marguerite ces religieuses délicatesses? Les voilà de jour et de nuit dans ces appartements, réservés jusqu'à présent à l'auguste virginité des Papes. Ils vont donner des fêtes païennes dans la salle du Conclave, déjà déshonorée à leur intention par de licencieuses peintures. On les verra se montrer, se prodiguer, pour recueillir les applaudissements d'une foule immonde, à ce balcon du haut duquel on proclame le nom du Souverain Pontife nouvellement élu ! Et c'est là ce que fait le petit-fils de Charles-Albert ! Et c'est ainsi que se comporte une princesse de cette maison de Savoie qui donna tant de saintes femmes à l'Eglise[1] !

O cher et respectable prêtre ! vous qui, sur les instances de sa noble mère, fîtes la première éducation de ce jeune prince, quelle ne serait pas aujourd'hui votre douleur ? Au moment où cette grande mission vous était offerte, vous hésitiez, comme si vous en aviez pressenti non-seulement la pesanteur mais la future ingratitude. Vous

---

1. Note du cardinal Antonelli sur l'entrée du prince Humbert à Rome. Rome, 24 janvier. (*Unità cattolica*, 1871, n° 36.)

permîtes à mon amitié de vous encourager à l'affronter par un acte de suprême dévouement à cette famille de Savoie, dont le culte était si vivant dans votre âme et dans votre province. Bientôt vous avez succombé sous ce fardeau terrible ; votre zèle et probablement vos tristesses ont dévoré votre vie avant l'heure, et moi qui vous chérissais si tendrement, j'ose à peine me plaindre. Vous, attaché si filialement au Saint-Siége, vous que j'avais vu, dans le concile de Lyon, tracer avec tant de délices l'esquisse du décret qui devait proclamer et glorifier les prérogatives du successeur de Pierre, que diriez-vous en ce moment, si comme nous vous aperceviez au Quirinal votre royal disciple s'apprêtant à souiller par des festins de Balthazar, non plus seulement les vases du temple, mais le temple lui-même [1] ?

Du reste, dans cette maison de Savoie dégénérée, les deux frères Humbert et Amédée sont di-

1. M. L'abbé Pillet, ancien vicaire général de Chambéry, prêtre d'une éminente vertu, d'une science supérieure et de la plus exquise éducation.

gnes l'un de l'autre. Pendant que le premier se préparait à danser au Quirinal, le second s'en allait ceindre la couronne des Espagnes. Subornés par de vils prétoriens, quelques députés la lui avaient offerte sans droit et sans mandat, c'était l'équivalent du plébiscite romain ; mais il n'a pas craint d'accepter ce diadème déshonoré, des mains de ceux qui l'avaient arraché au front d'une reine dont ils avaient été les favoris avant d'en être les bourreaux. Au moment où il devait faire cette démarche immorale, la Providence l'avait appelé à réfléchir ; sur les degrés du trône, il a trouvé, couché par les balles d'un assassin, le cadavre du traître qui lui en avait frayé l'avenue ; mais ni son pied n'a trébuché dans le sang, ni sa conscience n'a compris l'austérité de l'avertissement divin. Tranquillement il va se donner pour le légitime héritier et le digne continuateur des vieux Récarède et Ferdinand, pendant que la nouvelle reine se vantera d'être l'image et l'émule d'Isabelle la Catholique. Ce prince et son épouse ont trouvé dès le premier jour le secret de concilier en eux les ténèbres et la lumière. A peine assis à Madrid,

Amédée s'est empressé de notifier son avénement au Saint-Père, et de lui déclarer qu'il sera toujours son fils le plus respectueux et le plus dévoué. Mais en même temps il a fait savoir à son autre père Victor-Emmanuel qu'il le considérait comme un *auguste modèle* ; et comme cette parole est indéfinie, il s'ensuit qu'il n'aurait aucun scrupule d'imiter et de suivre ce glorieux exemplaire, même dans la spoliation du Saint-Siége[1]. Comme on voit respirer en tout cela le royal sentiment de l'honneur !

XVIII. — *Ces actes monstrueux, par leur succès même, sont un formidable châtiment pour leurs auteurs.*

En face de cette politique où toutes les avidités de la violence s'unissent à tous les cynismes de l'hypocrisie, nous nous rappelons, comme

1. Lettres d'Amédée Ier, notifiant son avénement au trône d'Espagne au Saint-Père et à Victor-Emmanuel.—Tous les journaux les ont publiées.

malgré nous, la sinistre image dont l'Ecriture se sert pour peindre Jérusalem et ses rois, quand leurs prévarications sont devenues extrêmes. Elle revient surtout, à chaque page, dans les vigoureux tableaux d'Ézéchiel, ce prophète incomparable des colères ou du mépris de Dieu vis-à-vis de son peuple[1]. Et quelle est cette figure ? Celle de ces femmes éhontées, qu'on peut appeler le scandale suprême des cités qu'elles habitent et la plaie la plus hideuse des civilisations qui les supportent. Et ce qu'il y a en elles de plus honteux, ce n'est pas qu'elles perdent les délicatesses de l'honneur, c'est qu'elles en arrivent au renversement absolu du sens moral, et qu'avec une sorte de bonne foi brutale, elles cherchent leur gloire dans l'impudence du vice, comme d'autres aiment à la placer dans l'héroïsme de la vertu. Voilà le gouvernement Piémontais. Qu'il ait achevé de lui-même l'usurpation des États-Pontificaux commencée avec la complicité du vaincu de Sedan, c'était un crime sans doute.

1. *Ezech*, XVI.

Mais c'est un crime commun dans l'histoire où l'on voit si souvent les faibles opprimés, broyés, engloutis par les puissants. Il n'y avait là qu'un premier pas dans les débauches de la force. Mais que les petits Nabuchodonosors de Florence aient consommé la spoliation du Saint-Siége au nom de leur piété filiale pour Pie IX qui les a excommuniés, de leur affection pour Rome qui les abhorre, de leur dévouement pour l'Italie qui les maudit, de leur intérêt pour l'indépendance de l'Église dont ils font le chef prisonnier ; qu'ils osent dire ces inepties effrontées dans tous leurs discours officiels, et les écrire dans leurs notes diplomatiques ; qu'enfin, lorsque le Saint-Père refuse de transiger avec eux par respect pour son droit et sa double dignité de Pontife et de Roi, ils affectent de s'en attrister comme d'un délire ou de s'en indigner comme d'une ingratitude, c'est là ce qui prouve qu'à l'exemple des prostituées de Babylone, ils ont perdu non-seulement la crainte de l'opprobre, mais l'intelligence même la plus élémentaire du déshonneur, et que suivant l'oracle d'Ézéchiel, Dieu prélude pour eux, comme pour Jérusalem coupable, aux horreurs de la ruine par le châtiment et les ignominies de la dégradation.

Voilà donc l'état vrai des deux gouvernements qui, pendant près de vingt ans, n'avaient cessé de conspirer ensemble contre le pouvoir temporel du Saint-Siége : d'un côté, toutes les humiliations de la force vaincue, c'est la part du captif de Cassel ; d'un autre côté les humiliations peut-être plus grandes encore de la force victorieuse, c'est la part du conquérant qui vient d'envahir Rome ou plutôt de l'asservir.

Et maintenant quelle est la part de Pie IX, entre ces deux figures déshonorées l'une par la défaite, l'autre par la victoire ?

II

CONSOLATIONS ATTACHÉES POUR LES CŒURS CATHO-
LIQUES À LA CHUTE DE L'EMPIRE

XIX. — *Grandeur de Pie IX entre les humiliations du vaincu de Sedan et celles de l'envahisseur de Rome. Grandeur d'indulgence vis-à-vis
du premier.*

Combien, jusqu'aux formidables événements du
4 septembre dernier, la situation de Pie IX n'a-t-
elle pas été délicate vis-à-vis du Gouvernement
impérial ! Il s'est trouvé perpétuellement entre des
conspirations certaines et d'apparents bienfaits ;
les conspirations il fallait montrer d'abord qu'il
les devinait, et les condamner ensuite aussi bien
dans leurs doctrines que dans leurs machinations
et leurs attentats ; les bienfaits, il était forcé de les
accepter et d'en témoigner sa reconnaissance dans
une certaine mesure. Des foudres dans une main,

7.

des couronnes dans l'autre, telle était l'attitude que lui commandait l'éternelle ambiguïté de notre politique, et l'on comprend sans peine à quel point l'équilibre était difficile à garder entre des termes et des obligations aussi contradictoires.

La clairvoyante magnanimité de Pie IX a su marcher d'un pas ferme et sûr à travers les écueils dont cette route fut semée. Quelle est l'intrigue souterraine, la trahison préparée dans l'ombre, qu'il n'ait pas surprise et démasquée? Quelle hérésie ou quelle subtilité de la diplomatie qu'il n'ait pas confondue ou condamnée? Quelle menace qu'il n'ait méprisée? Quelle transaction qu'il n'ait repoussée? Quelles injustes censures ou quels perfides conseils qui l'aient jamais fait dévier, et n'aient tiré de sa grande âme des réponses aussi pleines de fermeté que de noblesse? Nous vous avons signalé chacune de ces gloires austères à mesure que les contacts douloureux de Pie IX avec la France impériale les ont fait éclater. En même temps que le Pontife a déployé l'indépendance de son ministère et la haute incorruptibilité de sa conscience, il n'a jamais manqué de don-

ner à propos des témoignages de sa délicatesse.
En lui faisant au fond beaucoup de mal, Paris, à
la surface, lui rendait quelques services. Dans
ces actes d'équivoque sympathie, on était animé
d'intentions suspectes et parfois hostiles ; on aurait voulu néanmoins qu'en retour il se prêtât à
certaines concessions qu'on estimait convenables
et qu'il déclarait impossibles. Et lui, fidèle à cette
discrétion qui fut l'invariable loi de son suprême
Pontificat, il a constamment rencontré le difficile secret de pousser la gratitude et de l'arrêter
à la vraie limite ; rien de moins que ce qu'il devait, mais aussi rien de trop ; ni ingrat, ni
trompé, tel est le cercle dans lequel il a su se
maintenir avec une imperturbable sagesse. Autant il a respecté les égards dus au géant encore
debout, autant il s'est fait un devoir d'être in-
dulgent pour le géant tombé. Le désastre de Sedan n'a été, tout le monde en convient, qu'une
formidable revanche de la Providence contre les
perfidies du vaincu dans la question romaine.
Pie IX avait plus que personne le droit d'en faire
publiquement cette interprétation. Qui donc au-

rait pu s'étonner si, empruntant à son tour le langage du Psalmiste, il se fût écrié : *Et nunc, reges, intelligite ; erudimini qui judicatis terram.*

« Oui, ô rois de toutes les nations, et vous-même qui venez de remporter sur la Meuse un triomphe sans exemple, comprenez le grand ouvrage dont vous êtes les instruments. Instruisez-vous par la victoire même qui paraît vous constituer les arbitres de l'Europe au moins, si ce n'est pas de la terre entière : *Intelligite, erudimini qui judicatis terram.* Servez avec crainte le Seigneur dont la colère vous a chargé d'exécuter ses desseins. Tressaillez avec tremblement des succès que vous a procurés sa vengeance : *Servite Domino in timore, et exultate ei in tremore.* Celui que sa main vient de renverser et d'écraser par la vôtre, avait insulté et trahi l'oint de son Christ ; c'est pour punir le coupable que le Dieu des armées vous a donné la victoire. Comprenez ce qu'il n'a pas compris ; obéissez à cette discipline du Seigneur dont il a violé les lois, afin qu'après l'avoir précipité du trône, vous ne soyez pas, un jour, brisé vous-même comme un vase d'argile :

Apprehendite disciplinam, nequando irascatur Dominus et pereatis de via justa [1]. » Tel est le commentaire que Pie IX aurait pu se permettre sur les événements dont le choc a fait crouler le gouvernement impérial. Les torts que celui-ci s'était donnés à l'égard du Saint-Siége étaient immenses et sans excuses ; le noble Pontife s'en est vengé par la générosité du silence.

Aussi, cette magnanimité de l'indulgence, succédant à celle de l'inflexibilité, a-t-elle, à partir du 20 septembre, attiré vers Pie IX un courant de sympathie et d'admiration qui se garde bien de se porter vers Cassel. Pie IX est tombé presque à la même heure que le vaincu de Sedan ; on peut même dire que le vaincu de Sedan doit considérer la chute du Saint-Père comme la conclusion logique de sa politique italienne ; son allié de Florence a consommé le forfait ; mais lui, du fond des Tuileries, avait préparé ce sacrilége dénoûment, et l'on prétend qu'il a félicité Victor-Emmanuel après et pour le fait accompli.

[1]. *Psalm.*, II.

Quoi qu'il en soit, voilà ces deux majestés captives, l'une par le fait d'une guerre qu'elle avait imprudemment provoquée, l'autre par le fait d'une invasion contre laquelle elle a protesté jusqu'à la dernière minute avec une noble vigueur ; l'une prisonnière à Wilhemshœhe sur la terre de ses ennemis victorieux, l'autre dans son propre palais, devenu comme un lieu de détention et d'exil. Mais, qui plaint le premier de ces deux captifs ? Qui songe à ses douleurs ? Qui s'avise de soupçonner qu'il honore son infortune par la dignité des sentiments ou de la vie ? Pour le second captif, qui est de beaucoup le premier, quelle destinée plus glorieuse ! Ses sujets ou plutôt ses enfants, par millions, gémissent de ses tristesses ; tous sentent, pour ainsi dire, et partagent le poids de ses chaînes ; les adresses les plus émues et les plus respectueuses lui sont apportées par les anges d'innombrables Églises. Rome elle-même, sur l'énergie de laquelle on avait quelque inquiétude, se montre fidèle jusqu'à l'héroïsme. Les dames de la haute et véritable aristocratie, à très-peu d'exceptions près, ne cessent d'attester leur dévouement au Saint-Père par de larges offrandes et par des protestations au bas desquelles elles ne craignent pas de mettre leurs noms ; la plupart des autres femmes romaines se pressent dans la route ouverte par ces nobles exemples. Au sein de la jeunesse et parmi les hommes importants, une association s'est formée dans le but hautement avoué de défendre les intérêts catholiques. Il n'est pas jusqu'aux employés, même les plus obscurs du gouvernement pontifical, qui n'aient préféré la misère, plutôt que de passer au gouvernement usurpateur. Toutes les classes sociales ont été jusqu'à ce jour magnifiques dans leur inébranlable attachement au Roi du Vatican, et Pie IX les en a félicitées dans dès pages qui seront lues avec admiration par les générations les plus lointaines de l'avenir[1]. C'est-à-dire qu'après l'irruption des barbares qui se sont emparés de sa capitale, il est plus grand lui-même et plus populaire qu'il ne l'était avant ; et quand on veut aujourd'hui

[1]. Voir les Lettres de Pie IX à ce sujet dans l'*Unità cattolica*, 1871, n°s 25, 27, 28.

trouver le plus honoré des souverains, au lieu d'aller à Versailles et dans le quartier-général du roi de Prusse, malgré ses victoires sauvages, il faut le chercher au Vatican.

XX. — *Vis-à-vis de l'usurpateur de Rome,*
grandeur de protestation.

Et maintenant, si l'on se retourne du côté du Piémont, la grandeur du Saint-Père ne paraît pas moins frappante. — Contre les résolutions, brutalement arrêtées par la force du gouvernement florentin, Pie IX n'avait qu'un seul moyen de défendre son honneur de Pontife et de Roi : c'était de protester, avec toute l'énergie possible, contre les divers attentats de l'invasion, et pour ainsi dire à chacune de ses étapes successives. Il s'est amplement donné ce mérite, qui se proposait à lui sous la forme du devoir. Quand il reçut de Ponza San Martino le message dont nous avons discuté les termes, il protesta contre la lettre elle-même, et contre le paragraphe dont le négociateur, chargé de la remettre, essaya de l'accompagner. Nous n'avons été mis, par aucun récit officiel, dans le secret de cette conversation. Mais, s'il faut en croire des renseignements qui ne manquent pas d'autorité [1], le commentateur du texte royal aurait vu jaillir avec effroi des regards de Pie IX quelques-uns de ces redoutables éclairs que l'œil du Christ lançait autrefois contre l'hypocrisie des Pharisiens.

A l'approche de l'assaut, nouvelle protestation par l'admirable lettre adressée au général Kanzler, commandant supérieur de l'armée pontificale [2]. Pie IX veut que le canon parle, afin qu'il

1. *Tablet*, journal anglais donnant le résumé de cette conversation. La *Correspondance de Rome* l'avait également reproduite. Nous ne savons si ce numéro du recueil a pu circuler librement.

2. Voici ce document si digne de prendre place à côté de tant d'actes glorieux émanés de Pie IX.

Lettre de Sa Sainteté au général Kanzler.

« Monsieur le général,

« Maintenant que l'on va consommer un grand sacrilége et la plus énorme injustice, et que les troupes d'un roi catholique assiégent la capitale de l'univers catholique, j'éprouve d'abord le besoin de vous remercier, vous, Monsieur le général, et toute soit hautement constaté qu'on vient lui faire subir une violence, et non point lui apporter un bienfait. Mais dès que la brèche sera ouverte aux remparts, il exige qu'à l'instant même la résistance s'arrête, pour épargner à ses soldats une effusion de sang désormais impuissante à défendre Rome envahie, et qui n'est pas nécessaire non plus pour sauver leur honneur militaire et leur réputation de bravoure, placés maintenant au-dessus de toute contestation. On retrouve encore ici ce caractère de force inébranlable mais me-

notre armée, de la généreuse conduite tenue jusqu'à ce jour, de l'affection montrée au Saint-Siége et de la résolution déployée pour défendre cette métropole. Que ces paroles soient un document solennel qui atteste la discipline, la loyauté et la valeur des troupes au service du Saint-Siége. Quant à la durée de la défense nationale, j'ai le devoir d'ordonner qu'elle consiste uniquement en une protestation propre à constater la violence, et qu'elle n'aille pas au delà ; qu'on ouvre des pourparlers pour la reddition, aussitôt que la brèche sera faite. Dans ce moment où l'Europe entière déplore que de nombreuses victimes soient tombées dans une guerre entre deux grandes nations, qu'il ne soit dit jamais que le Vicaire de Jésus-Christ, injustement attaqué, ait consenti à une grande effusion de sang. Notre cause est celle de Dieu, et nous remettons en ses mains toute notre défense.

« Je vous bénis de tout cœur, Monsieur le général, ainsi que toute notre armée.

« Au Vatican, 17 septembre 1870. »

surée qui distingua toujours les actes de Pie IX, durant les vingt-cinq années de son glorieux pontificat.

Protestation contre les immoralités brutales dont le Piémont a fait entourer et suivre l'occupation de Rome par l'armée d'invasion. Protestation contre l'usurpation de la Consulte, du Quirinal, du Collége romain, et contre toutes les autres violations du droit de propriété. Protestations contre les insultes faites aux membres du Sacré-Collége, aux prêtres et aux religieux, aux troupes si dévouées du Saint-Siége, à ceux de ses serviteurs demeurés fidèles. Protestations contre les entraves mises à la circulation des livres et des journaux consacrés à la défense du pouvoir temporel renversé par le Piémont, au plein et tranquille exercice du culte catholique, à la libre communication du Saint-Père soit avec Rome, soit avec le monde, par voie d'audience ou par celle de correspondance et d'Encyclique. C'est ici l'oppression contre laquelle Pie IX fait tonner sa voix avec le plus de puissance, parce qu'elle va toucher plus au cœur l'indépendance et l'efficacité de son ministère comme docteur des nations et comme pasteur universel du troupeau de Jésus-Christ. — Protestations communiquées, sous forme de notes diplomatiques, par le Cardinal secrétaire d'État, à tous les ambassadeurs et chargés d'affaires accrédités près de la cour de Rome. Notes où la langue la plus nette, la plus sereine, la plus sobre, la plus digne, exprime les règles les plus saines de la morale publique, les principes les plus élevés comme les plus vrais du droit des gens et ceux du sens commun s'appliquant au gouvernement des peuples. Ce sont, et de très-haut, les plus nobles documents de la diplomatie contemporaine[1].

Outre les protestations auxquelles il a donné le cardinal Antonelli pour organe, Pie IX en a

---

1. Protestation du cardinal Antonelli. 20 septembre 1870. (*Unità cattolica*, 1870, n° 228.)

Dépêche aux nonces du Saint-Siége, contre la dernière invasion piémontaise. 8 novembre 1870. (*Unità*, n° 275.)

Protestation contre l'usurpation du Quirinal. 9 novembre 1870. (*Unità*, n° 276.)

Protestation contre la saisie des journaux publiant la dernière Encyclique, et contre le projet de la manifestation Monti et Tognetti, 23 novembre 1870. (*Unità*, n° 289.)

fait d'autres où sa voix retentit avec son accent propre et sans aucun intermédiaire. Qui n'a lu la réponse qu'il aurait écrite à Victor-Emmanuel? Réponse dont nous n'avons pu nous démontrer l'authenticité avec une certitude absolue ; mais qui cependant nous paraît, dans son ton ferme et doux, porter l'empreinte du caractère de Pie IX et celle de son langage [1]. Qui n'a pas vu sa

1. En voici le texte italien tel que le donne le journal l'*Unità*. L'abbé Margotti, ordinairement si sûr dans ses citations, ses jugements et ses informations, paraît considérer cette pièce comme très-authentique. (*Unità*, n° 235.)

« *Al re Vittorio Emanuele II.*

« Maestà,

« Dal conte Ponza di San Martino Mi fu consegnata una lettera che V. M. ha voluto dirigermi, ma che non è degna di un *figlio affettuoso* che si gloria professare la *fede cattolica*. Non entro nei dettagli della lettera stessa per non rinnovare il dolore che la prima lettura Mi ha cagionato. Benedico Dio che ha permesso a Vostra Maestà di ricolmare di amarezza l'ultimo periodo della Mia vita. Del resto, Io non posso ammettere certe richieste, nè conformarmi a certi principii contenuti nella sua lettera. Nuovamente invoco Dio e rimetto nelle sue mani la Mia causa, che è tutta sua. Lo prego a concedere molte grazie alla Maestà Vostra, liberarla dai pericoli e dispensarle le misericordie di cui abbisogna.

« Dal Vaticano, 11 settembre 1870.

« Pio PP. IX. »

lettre aux Cardinaux, pour leur communiquer les premières douleurs, les premières alarmes, et les premières vexations dont il doit le bienfait à la tendresse des hordes sauvages qui viennent d'envahir sa capitale, et de le parquer lui-même au Vatican [1]? Qui n'a pas admiré les deux dernières Encycliques envoyées par l'auguste captif à tous les évêques de la catholicité? Dans l'une il leur annonce la suspension du Concile ; et leur signale, en termes pleins d'une douleur solennelle, le crime de l'invasion comme la cause qui l'oblige à proroger cette grande assemblée, d'où tant de lumières et de bienfaits pouvaient sortir pour l'Église et la civilisation. Dans la seconde le Saint-Père résume à larges traits la politique tortueuse et la conduite sacrilége du Piémont dans ce qu'on est convenu d'appeler la *question romaine*, à partir des premières agitations suscitées dans les provinces de l'Emilie, et à finir par l'usurpation de Rome. Tout cet enchaînement de conspiration, d'hypocrisie, de mensonge, d'in-

---

1. Lettre aux Cardinaux : *Dominus noster*. 29 septembre 1870.

gratitude, de barbarie et de spoliation, y est peint avec une énergie proportionnée à la noirceur des infamies dont il contient l'histoire. La Bulle conclut en renouvelant, contre les auteurs des attentats retracés, les censures dont furent chargés, dans tous les siècles, les usurpateurs des biens de l'Église et les spoliateurs du Saint-Siége. Dans ce document où se déploie tant de vigueur apostolique, Pie IX emprunte quelques paroles à Pie VII, l'un de ses prédécesseurs les plus éprouvés, mais aussi les plus glorieux. Quand il n'eût pas fait ce rapprochement, il se fût présenté naturellement et de lui-même à notre esprit. Ce n'est pas, certes, qu'il existe aucune comparaison possible au point de vue de la stature entre les deux geôliers de ces deux grandes victimes. Le vaincu de Custozza et de Lissa, celui qui reçut Naples des mains de Garibaldi, et Rome de celles de Cadorna et de Bixio, n'est qu'un grain de poussière devant le vainqueur d'Arcole, des Pyramides, d'Austerlitz et de Wagram. Mais si la hauteur n'est pas la même dans les deux persécuteurs, il existe une ressemblance admirable entre les pontifes dépouillés. Dans le prisonnier du Vatican revit peut-être agrandie la magnanimité de celui de Savone. L'un et l'autre, d'une main pareillement assurée, lancent la foudre au front des deux Philistins qui les oppriment ; tous les deux, plutôt que de capituler avec l'injustice et de céder de leurs droits qui ne sont après tout qu'un dépôt sacré, ils se déclarent prêts à braver, s'il le faut, et l'exil et la mort, sans que cette perspective fasse trembler leur vieillesse. Sur le trône de Saint-Pierre les traditions du courage ne sont pas moins impérissables que l'incorruptibilité de la foi [1].

1. Encyclique pour la suspension du Concile du Vatican : *Postquam Dei munere.* 20 octobre 1870.

Encyclique à tous les évêques : *Respicientes.* 1er novembre 1870.

XXI. — *Grandeur d'isolement vis-à-vis du vainqueur.*

Tel est le premier genre de dignité que se donne l'auguste captif du Vatican : l'honneur d'une ferme et solennelle protestation. La seconde forme de dignité dont il s'entoure, c'est la loi qu'il s'est faite de ne point se produire dans Rome, tant que les Babyloniens la souilleront de leur présence. — Quand Pie VII, en 1813, eut été transféré de Savone à Fontainebleau, l'empereur aurait voulu qu'après ce changement de prison, le pontife parût non-seulement libre quoique esclave, mais encore satisfait quoiqu'il fût exilé, et qu'en témoignage de son bonheur au moins apparent, il descendît et se montrât quelquefois sinon dans les rues de la ville, du moins dans les allées du parc, aux populations avides de le contempler. Mais le Pape refusa inexorablement de se prêter à ce désir impérial. Il admettait près de lui certaines personnes à l'honneur d'audiences particulières ; mais il ne sortait jamais de ses appartements ; sa retraite était profonde et permanente, et les arbres séculaires du château purent regretter, à son départ, de n'avoir pu couvrir de leurs rameaux la triple majesté de ses vertus, de son pontificat et de son infortune [1].

Les usurpateurs de Rome forment les mêmes vœux que l'oppresseur de Pie VII. Ils souhaitent que le Saint-Père continue à faire, dans son ancienne capitale, les apparitions qu'il y faisait avant le 20 septembre ; qu'il aille encore au Pincio, à l'Emporium et dans les villas jadis accoutumées à le voir ; qu'on l'aperçoive, comme auparavant, s'agenouillant dans les diverses églises, présidant les grandes solennités religieuses, portant partout dans les âmes les joies et l'enthousiasme dont sa présence n'a pas cessé, depuis plus de vingt ans, de provoquer l'explosion. Le jour où le Saint-Père condescendrait à ce désir, les ravisseurs ne manqueraient pas de proclamer qu'il accepte et ne

1. Thiers, *Hist. du Consulat et de l'Empire*, t. XV, p. 289 et suivantes.

subit plus sa nouvelle destinée, et que la récon-
ciliation désormais est conclue entre l'Italie spoliatrice et le Souverain-Pontife spolié. Pour ne
point autoriser, même par une apparence quelconque, cette supposition mensongère, il reste
enfermé dans son palais : s'il a besoin de quelque mouvement, il se promène dans les longues et silencieuses galeries de sa royale demeure ; s'il lui faut un peu d'air pur et quelques
rayons de soleil, il va les chercher dans les jar-
dins du Vatican. Ses serviteurs fidèles sont admis
à l'approcher ; il accorde avec discernement à de
pieux pèlerins l'honneur de quelques audiences
privées. Mais il refuse inexorablement de franchir
le seuil de sa prison ; c'est en vain, depuis près
de six mois, que la foule aspire à le rencontrer
dans ces rues, où, naguère encore, elle se plaisait
tant à l'acclamer. On a beau, pour l'arracher de
sa retraite, lui promettre qu'il sera, dans son
passage au travers de Rome, environné de tous
les honneurs d'un roi : cette assurance le blesse
plutôt qu'elle ne l'attire, parce qu'elle lui garantit
comme une grâce ce qui pour lui fut toujours et

reste encore un droit. Il ne devra renoncer à sa solitude, que lorsque ses entraves auront été brisées et qu'il sera redevenu maître et seul maître de la ville éternelle. Jusque-là le voile impénétrable, jeté entre ses peuples et lui, devra faire savoir aux nations qu'il est dans le deuil, parce qu'il est dans les chaînes.

Il lui en coûte cruellement sans doute de rompre ainsi ses contracts avec cette cité qu'il aima tant et dont il est encore tant aimé. Mais il pleure moins sur lui que sur la cité elle-même. Quand par une de ces radieuses nuits que l'hiver donne au ciel d'Italie, il jette, du haut de son palais comme d'un observatoire, un long regard sur Rome qui se déroule à ses pieds, baignée dans les flots d'une lumière blanche et pure comme l'argent, quand, après l'avoir enrichie de tant de magnificence et de vie, il songe à l'ère de décadence et d'abandon qui va s'ouvrir pour elle sous le joug de l'étranger, une immense désolation doit monter dans son âme ; et nouveau Jérémie devant la déchéance d'une autre Jérusalem, il est impossible qu'il ne surprenne pas sur ses lèvres ces accents des antiques lamentations ; *Quomodo sedet sola civitas plena populo ?* O Rome, l'invasion de l'Assyrien n'a pas diminué le nombre de tes habitants ; même leur foule, grossie par l'armée étrangère, inonde tes places et tes rues de vagues plus abondantes. Et cependant, comment se fait-il, malgré cela, que depuis que les fils de Bélial sont dans tes murs, tu sois devenue déserte, et qu'au pied de tes collines tu paraisses assise comme solitaire : *Quomodo sola sedet civitas plena populo ?* Ah ! c'est que ton Pontife a cessé d'être ton Roi. Tant qu'il t'a gouvernée, l'univers catholique t'a regardée comme sa capitale. Des continents les plus écartés, des îles les plus lointaines, on accourait dans ton sein, comme les enfants vont se jeter dans les bras d'une mère. A présent, au contraire, que te voilà, momentanément au moins, courbée sous le joug d'un conquérant impie, toi, cité maîtresse des nations, tu n'es plus qu'une veuve abandonnée ; et le veuvage auquel te condamne la brutalité du vainqueur, est d'autant plus douloureux que ton époux et ton prince est là près de toi qui pleure sur ton iso-

8.

lement et ta servitude : *Facta est quasi vidua Domina gentium*[1] » Ainsi doit parler Pie IX, et ce calme de mort, ce silence de plomb qu'il voit descendre sur la grande Rome des Papes, il y a quelques mois à peine, encore si animée, si remplie de Pontifes et de fidèles venus de tous les vents du ciel pour assister aux solennités du Concile, ne peut que donner une amertume immense à cette sorte d'exil dans lequel il s'enferme au sein de ses propres États. Mais quoi qu'il lui en coûte, il faut qu'il y reste. Tant que les ténèbres de l'invasion pèseront sur la cité sainte, le Vicaire du Christ doit tenir sa lumière ensevelie au plus profond des nuages, pour le châtiment de l'envahisseur et par un juste respect pour sa propre dignité.

1. Jerem., *Lament.*, I, 1.
En 1846, le marquis Capponi développait le fond de cette idée dans un article publié d'abord par la *Gazzetta italiana*, et plus tard par l'*Ausonio*. L'auteur de ce travail commençait par dire que « Rome a plus besoin du Pape que le Pape n'a besoin de Rome : *Roma ha più bisogno del Papa, che non il Papa di Roma.* » Puis il ajoutait cette remarquable parole : « Le Pape n'aurait qu'à se retirer sur le Mont-Sacré, et Rome serait déserte : *Il Papa col solo ritirarsi sul Monte-Sacro, farebbe Roma deserta.* » (*Unità cattolica*, 9 octobre 1870, n° 223.)

XXII. — *Captivité que le monde entier reproche au Piémont comme un crime sans excuse.*

D'un bout à l'autre du monde, le peuple fidèle comprend cette nécessité désolante, mais inévitable, imposée au Saint-Père par l'attentat du 20 septembre, horrible consommation de celui de Castelfidardo. Il visitera l'auguste solitaire du Vatican par des vœux ininterrompus, par des adresses multipliées, par des offrandes généreuses, par des députations se succédant à de courts intervalles, mais toutes restreintes dans le nombre des membres dont elles seront formées [1]. Autour de ce monarque un instant voilé par les yeux de la foule, mais d'autant plus grand aux regards de la foi, des millions et des millions de cœurs persisteront à former une cour invisi-

---

1. Voir la description du *Mouvement catholique en faveur du Saint-Père*, tracée dans l'intéressante *Correspondance* de Genève. Décembre 1870; janvier et février 1871.

ble et glorieuse. Mais pour protester contre la violence qui l'oblige à prendre ce douloureux parti, les catholiques s'abstiendront de visiter Rome avec l'affluence merveilleuse dont elle a, dans ces dernières années, contemplé le spectacle ; ils déclareront par leur absence et le vide significatif et désastreux qu'elle produira, qu'ils considèrent Pie IX comme dépourvu, dans l'exercice de son pouvoir spirituel, de l'indépendance dont ils ont besoin pour la liberté de leur propre conscience. Et supposé que ce signe ne doive pas par lui-même paraître assez précis, ils prendront soin, ou plutôt ils ont déjà pris soin de bien faire connaître par des actes publics et la douleur profonde que leur cause la captivité du Saint-Père, et l'implacable réprobation dont ils poursuivent ceux qui l'ont jeté dans les fers, et les vœux ardents qu'ils forment pour que leurs gouvernements interviennent, par des négociations et s'il le faut par la force, pour lui faire restituer la tranquille possession de ce trône d'où l'a temporairement précipité le plus odieux brigandage.

Il est bien vrai que depuis longtemps déjà le parlement de Florence s'épuise à fabriquer ce qu'il appelle la *loi des garanties pontificales*. C'est un travail ou s'entremêlent dans des proportions hideuses l'ignorance et l'impiété, l'insulte grossière et le respect dérisoire, l'ingratitude la plus noire et de ridicules affectations de générosité, l'incapacité la plus radicale et la suffisance la plus vaniteuse. Ils croient avoir merveilleusement remplacé l'œuvre de la Providence, en substituant leurs combinaisons puériles au pouvoir temporel créé par les siècles. Mais une nouvelle protestation du Cardinal Antonelli détruira d'un seul mot tout cet échafaudage de *garanties* aussi vaines qu'elles seront sacriléges. Les catholiques d'ailleurs, les vrais catholiques ne les accepteront jamais. Déjà même ils les réprouvent autant dans les dispositions qui les stipulent, que dans les considérations sur lesquelles on les fonde [1]. Non ne leur parlez pas, pour excuser ou justifier le Piémont, de la royauté dont on doit laisser le titre

[1]. Voir sur cette question l'*Unità cattolica* de décembre 1870 à février 1871.

et la grandeur au Saint-Père ; cette royauté sans pouvoir, sans sujets et sans États, n'est qu'une révoltante dérision. Ne leur parlez pas non plus des immunités dont on comblera le Vicaire du Christ ; ils ne consentiront jamais à ce que des droits séculaires et providentiels soient remplacés par des concessions arbitraires, et subordonnées aux caprices changeants d'un prince impie ou d'une chambre révolutionnaire. Ne leur parlez pas davantage de promesses solennelles faites au Souverain-Pontife pour abriter les prérogatives qu'on lui laisse : nulle promesse sérieuse n'est possible avec ce gouvernement florentin qui jusqu'à ce jour, en fait de loyauté, n'a connu que le parjure. Ne leur parlez pas enfin de *droit italien, d'aspirations nationales ;* ce n'est là qu'une fiction misérable, dans laquelle un mensonge de fait s'entremêle à une impie absurdité de principes. Ce que réclament toutes les Églises pour le successeur de Pierre, c'est la restauration de cette royauté temporelle que les siècles ont faite pour lui, et qu'ils ont *bien faite,* suivant le mot d'un grand homme. Tel est le cri poussé par

la France, même à travers les amères préoccupations où la plongent la guerre et l'invasion.
Tels sont aussi le langage tenu, les sentiments
exprimés naguère par les représentants de l'Allemagne catholique, dans les solennelles manifestations de Fulda, de Bamberg et de Munich. La
Belgique, la Hollande, la Suisse, l'Angleterre avec
l'Irlande, l'Ecosse et ses colonies, les deux Amé-
riques du Nord et du Sud sont entrées, à leur
tour, avec éclat dans ce vaste et formidable
chœur de protestations. Par-delà les Pyrénées, à
vrai dire, un grand crime s'est commis. Les Cor-
tès ont élu pour roi le duc d'Aoste, fils de Victor-
Emmanuel, et cela presque le lendemain du jour
où l'armée de son père avait bombardé Rome et
détrôné le Souverain-Pontife. Il va sans dire que
le jeune prince a fait à la couronne qui lui était
offerte le déshonneur de l'accepter. Cette maison
de Savoie qui, malgré leurs droits reconnus par
elle dans le traité de Zurich, a chassé sans scrupule tous les légitimes souverains d'Italie pour
se mettre à leur place, pouvait-elle hésiter à faire
monter un des siens sur le trône inoccupé d'Isa-

belle [1]? Mais ce n'est là que le forfait de 191 députés vendus aux prétoriens qui règnent en ce moment à Madrid. Derrière eux l'âme de l'Espagne demeure profondément catholique, se désole des afflictions du Saint-Père auquel elle est si filialement attachée, et s'apprête à commencer une immense croisade de prières pour obtenir de Dieu que Pie IX recouvre bientôt, avec le gouvernement de ses États, la plénitude de son indépendance, et que l'étranger dont il subit aujourd'hui l'hypocrite oppression, se hâte d'abandonner Rome, cité toujours fatale à ceux qui l'envahissent, et d'aller rejoindre, dans la retraite

1. Charles-Albert, père de Victor-Emmanuel, eût été moins facile. Un mot cité par Bianchi, dans son *Histoire de la diplomatie européenne en Italie*, prouve, à l'honneur de ce prince, que, malgré ses anciennes intimités avec les sociétés secrètes il était loin d'avoir perdu toute délicatesse.—Il s'agissait de la négociation d'un mariage entre le fils aîné de don Carlos et la reine Isabelle. Le cabinet de Vienne consulté répondit, par M. de Metternich, que « l'Autriche ne promettait pas son concours pour amener don Carlos à abdiquer ses droits à la couronne. » Interrogé à son tour, le roi de Sardaigne fit une réponse analogue, ajoutant qu'il « ne permettrait jamais, même à un prince de sa maison, d'arriver au trône d'Espagne par un mariage avec Isabelle. »
Nicomède Bianchi : *Storia documentata della diplomazia europea in Italia, dall'anno 1814 al 1861*, t. IV, p. 146.

où dans la déchéance où nous les montre l'histoire, les spoliateurs repentants ou les usurpateurs foudroyés. Ainsi pendant que le roi de Piémont, dans son discours adressé le 5 décembre aux chambres soi-disant italiennes, se vante d'avoir achevé l'œuvre inaugurée par son père, donné à l'unité de la Péninsule son couronnement suprême et sa vraie capitale par l'invasion de Rome, assuré par là même à l'Italie devenue désormais une seule et même famille, une ère incomparable de grandeur et de haute civilisation, tandis qu'il outrage par là tout à la fois et les traditions de sa race, et les principes les plus élémentaires de la justice et du sens commun, et les probabilités les plus plausibles sous lesquelles se présente pour lui l'avenir, l'univers ramenant tout ce qu'il a fait à sa véritable valeur, apprécie la dernière invasion de Rome comme un acte de rapine, qui, pour le moment, ne procure que de la honte à son auteur, et pour plus tard ne lui présage que des châtiments et des calamités.

XXIII. — *Résumé du contraste qui vient d'être esquissé, et conclusion.*

Voilà donc, dans l'immensité de son cadre providentiel, le tableau qui s'offre en ce moment aux regards des nations. Au sommet, comme au faîte d'un autre Calvaire, Pie IX, captif et dépouillé, mais plein de grandeur en lui-même, et d'autant plus entouré d'admiration, d'amour et d'hommages par les peuples, que les malheureux qui l'ont précipité dans l'asservissement se sont souillés, en le faisant, d'une injustice plus criante et d'une plus noire ingratitude. A sa gauche un César tombé, mais tombé vaincu dans la guerre, détrôné par la révolution, prisonnier de l'ennemi qu'il avait provoqué, entouré sur la terre allemande de deux armées qu'il a conduites à la défaite par l'imprévoyance, à la captivité par la capitulation, haï, presque maudit par la France qu'il a jetée dans d'horribles désastres, traité sans pitié par l'opinion générale du monde, considéré partout comme frappé de Dieu pour ses longues trahisons à l'égard du Saint-Siége, et contribuant ainsi par sa ruine à relever la Majesté de Pie IX et de sa noble infortune. — A droite de l'auguste crucifié, c'est l'allié piémontais du César abattu. Solidaires dans le crime à l'égard du Saint-Siége, ils le sont déjà et le seront plus complétement encore dans les vengeances divines. La punition de César a commencé par le vertige et la turpitude dans la prospérité. Celle de son royal complice a commencé à son tour par l'abus impudent de la force. Il a d'abord écrasé sous le poids énorme de ses bataillons les vaillants défenseurs des États pontificaux, et puis il est entré dans Rome comme un voleur qui, traînant une bande féroce après lui, pénétrerait dans une maison gardée par un vieillard. Rien n'est plus déshonorant qu'une telle scélératesse. Mais il ne sait pas le comprendre ; bien loin de là, les mains pleines du fruit de ses larcins et rougies du sang innocent qu'il a fait couler pour les accomplir, il lève encore la tête et s'estime appelé à prendre une place glorieuse et pure dans les annales de notre temps. Infortuné ! Il a des oreilles pour ne pas entendre les anathèmes dont plus de cent millions de consciences indignées l'accablent, et des yeux pour ne pas voir l'abîme de honte et de mort où ses iniquités et la justice de Dieu vont bientôt l'entraîner sans pitié comme sans espoir. Ce n'est pas qu'il ait l'âme entièrement pervertie et que nul remords n'empoisonne pour lui l'honneur de son apparente exaltation. Il est faible par-dessus tout ; il se prête avec docilité, quoique avec regret, à toutes les infamies qu'on lui demande. Mais cette faiblesse même, malgré les tristesses qui l'accompagnent, est une des choses que notre Dieu a le plus en horreur, parce qu'elle porte en soi le germe de toutes les scélératesses. Il l'a déjà fait rudement expier au roi de Piémont qui, par dix ans de forfaits, n'a pas encore pu réussir à constituer l'Italie. Mais ce prince subira bien d'autres expiations encore ; l'usurpateur du Capitole ne sera pas plus ménagé que son conseiller et son complice de Sedan. Tous deux s'en iront vers la postérité le front sillonné des mêmes foudres, tandis que Pie IX, leur commune victime, montera dans la gloire autant qu'ils seront eux-mêmes descendus dans la honte, et, devant le respect des générations futures, marchera l'égal de Grégoire V, de Grégoire VII et de Clément VII, comme lui relégués, assiégés, emprisonnés, mais inflexibles dans la cité Léonine et le château Saint-Ange[1].

Que Dieu est admirable dans ce Pontife, l'Auguste Vicaire de son Fils ici-bas ! c'est le plus grand œuvre que sa sagesse et sa puissance réunies aient enfanté dans ce siècle, si stérile en nobles choses en dehors de l'action de l'Église. Les prophètes l'auraient appelé le *prodige de la droite du Seigneur*. Prodige de magnanimité : vingt-cinq ans de règne ont été pour lui vingt-cinq ans d'épreuves ou d'infortune ; et pas un instant sa tête n'a fléchi sous ce fardeau dont le poids eût écrasé celle de dix mille autres. Prodige de pénétration. Combien de Machiavels même couronnés n'ont-ils pas conspiré pour le jouer ou le surprendre ! Et jamais il n'est tombé

(1) Grégoire V, en 987 ; saint Grégoire VII, en 1084 ; Clément VII, en 1527.

dans les piéges qu'ils avaient tendus sous ses pas, tandis qu'ils se sont embarrassés eux-mêmes dans les filets de leur propre sagesse. Prodige de gouvernement : on s'est emparé des quatre cinquièmes de son territoire ; on a tari toutes les sources où s'alimentait autrefois son humble trésor ; et dans sa glorieuse détresse, il a su faire de Rome la plus intéressante des capitales ; de ses troupes, l'armée la mieux disciplinée et peut-être la plus vaillante ; de la gestion des deniers publics, l'administration financière la mieux réglée d'Europe ; de ses sujets, enfin, le peuple le plus heureux du monde. Ses œuvres, comme Pape, n'ont été ni moins admirables ni moins fécondes que ses actes comme prince temporel. Prodige de lumière : parmi les hautes questions agitées à notre époque, il n'est point d'erreurs théologiques, philosophiques, politiques, économiques et sociales, auxquelles il n'ait opposé des clartés radieuses et des solutions décisives. Prodige d'attraction : jamais homme, jamais souverain, jamais Pontife ne jouit d'une popularité aussi universelle. Il n'est pas un coin de terre où ceux qui ne l'ont pas vu comme ceux qui l'ont vu ne le chérissent d'une sainte passion. Quatre fois, un seul mot de sa bouche, un seul éclair de son regard a suffi pour appeler à lui des extrémités du globe les plus éloignées des milliers de fidèles, de prêtres et d'évêques ; et maintenant qu'un surcroît d'infortune ajoute un nouveau lustre à la beauté de son visage, s'il faisait un cinquième signe, on accourrait encore avec plus d'empressement, si ce n'est pas avec plus d'affluence que jamais. Prodige de stabilité : depuis son retour de Gaëte, date déjà fort lointaine, la force la plus puissante et la plus meurtrière de ce monde, celle de la Révolution, servie par des Empereurs et des Rois, a travaillé sans repos à le déposséder une seconde fois de sa souveraineté temporelle ; malgré tant de secousses, le vieux chêne était encore debout il y a six mois ; et pour qu'il ait tenu si longtemps, il a fallu que la main de Dieu daignât le soutenir contre tant de bras qui s'acharnaient à le déraciner.

Bon Maître ! A ces miracles si multipliés, veuillez ajouter un nouveau miracle, qui sera le couronnement de tous les autres. Hâtez-vous, Seigneur, vous dirai-je avec le Prophète, hâtezvous de confondre ses ennemis et de briser ses chaînes. Les peuples ont besoin de son affranchissement pour la préparation des destinées que semble leur réserver l'avenir. A l'heure qu'il est, le vieux monde est en train de se dissoudre; de grandes nations se déchirent dans des guerres impitoyables; au sein des autres, il règne des inquiétudes plus ou moins profondes, et de sourds craquements, présage de convulsions terribles ou du moins de graves transformations, se font partout entendre. C'est, comme à l'origine des choses, l'univers se débattant au milieu des eaux, et les ténèbres planant sur l'abîme. Chaos de vie et non pas de mort, nous l'espérons, ô mon Dieu! Bien des signes nous autorisent à présumer que, dans les desseins de votre miséricorde, ces nations bouleversées et malades sont des nations guérissables, et que la crise qu'elles traversent n'est que le tressaillement et le gage d'une résurrection qui s'élabore. Si les ténèbres planent audessus de l'abîme, l'Esprit-Saint lui-même plane au-dessus des ténèbres pour les rendre fécondes, et c'est par la vertu du Concile, momentanément suspendu, qu'il fera naître des angoisses et de la confusion du présent la grandeur et la beauté de ce nouvel ordre de choses. Mais pour que le Concile lui-même reprenne son cours, ô mon Dieu, il faut que l'auguste serviteur de vos serviteurs, le royal captif du Vatican, reprenne sa liberté. Que, redevenu maître de Rome, il puisse y rappeler ses frères, momentanément renvoyés au sein de leurs troupeaux par l'irruption des barbares. Que, de concert avec ces nobles ouvriers, réunis comme auparavant auprès de lui dans un même cénacle, il puisse mener à terme l'œuvre de lumière et de vérité si tristement interrompue ; et quand elle sera close ; quand toutes les questions auront été résolues, toutes les lois faites, toutes les définitions arrêtées, sa voix infaillible les fera connaître à l'univers attentif, et sa parole courra comme un souffle de seconde jeunesse dans les veines des nations renouvelées. C'est vous, ô mon Dieu, qui aurez été l'auteur de cette merveille ; mais lui, noble instrument de vos conseils et de vos bontés, il pourra la considérer aussi comme son ouvrage dans une certaine mesure ; et sa vieillesse avant de s'éteindre, avant d'aller prendre auprès de vous l'éternel repos du septième jour, aura, dès ici-bas, le droit de s'asseoir à vos côtés et de contempler, avec un juste sentiment de complaisance et d'amour, cette civilisation rajeunie, fruit de votre puissance et de son propre ministère : *Viditque Deus cuncta quæ fecerat ; et erant valde bona*[1].

1. *Genes.*, I, 31.

DEUXIÈME PARTIE

———

I

Crimes pour lesquels nous avons été frappés.

I. — *Dieu menaça de châtiments terribles la négation de sa souveraineté générale sur les
peuples.*

Tous les crimes publics des nations, N. T.-C. C.,
sont en horreur devant Dieu, il les punit tous
aussi dans ce monde, s'ils ne sont pas rachetés,
parce que la vie des sociétés ne dépasse pas les
limites du temps. Mais parmi ces iniquités générales des peuples, il y en a qui, tout en étant fort
graves, n'ont pourtant devant le Seigneur qu'une
importance subalterne, parce qu'elles n'outra-

ent qu'indirectement son Être souverain. Et
our celles-là, quand il s'agit de les châtier, il ne
rend pas la peine de se mettre en mouvement ;
l laisse marcher et ces désordres eux-mêmes, et
es funestes convoitises dont ils sont le fruit meur-
rier. Ces germes de mort envahissent et dissol-
ent, par une action sourde et continue, le corps
ocial au sein duquel ils sont emprisonnés ; et
ient une heure où, sans qu'aucune impulsion du
lehors paraisse s'en mêler, il croule sous le seul
oids de sa faiblesse et de sa corruption. C'est ce
hêne séculaire dont les insectes et les animaux
auvages ont rongé la tige au niveau du sol, et
jui, par un jour paisible et sous un ciel sans
rage, tombe de lui-même au milieu des forêts
tonnées de sa chute.

Mais entre les iniquités collectives et sociales,
l y en a deux, contre lesquelles, à en juger par
es Écritures, Dieu s'est promis d'être spéciale-
nent inexorable et de faire éclater, pour les punir,
'intervention formelle et visible de sa colère,
parce qu'elles le blessent dans deux droits et
leux intérêts dont il est également jaloux. — La

première est le mépris ou l'oubli, mais surtout la négation de sa Souveraineté générale sur les peuples, et de son action providentielle dans le gouvernement des sociétés.

Qu'on examine avec soin, qu'on analyse avec exactitude, dans les livres de l'Ancien Testament, les discours qu'il fait successivement adresser à son peuple, depuis Moïse jusqu'au dernier des prophètes et des Machabées ; on n'en verra pas un dont les quatre points suivants ne résument la substance. — Avant tout et par-dessus tout, il proclame ou rappelle qu'il est Dieu ; qu'il l'est seul, et qu'Israël ne doit en reconnaître et adorer aucun autre. — Il répète infatigablement non-seulement qu'il est Dieu, mais qu'il est en particulier le Créateur de son peuple. C'est Lui qui l'a fait éclore de la tige des Patriarches ; c'est Lui qui l'a multiplié sur la terre de Gessen, malgré les ordres donnés par les Pharaons pour l'étouffer dans son germe ; c'est Lui qui l'a tiré de la servitude de l'Egypte, et a noyé dans les eaux de la mer Rouge les chevaux et les cavaliers ennemis, lancés à la poursuite des tribus fugitives ; c'est

Lui qui, par une longue suite de miracles, l'a soutenu quarante ans au désert et mis finalement en possession de la terre de Chanaan. Créateur, libérateur et conducteur de cette nation bénie, il en fut aussi le législateur ; par son serviteur Moïse il l'a dotée d'un code d'une sagesse sans exemple et d'une constitution dont la pratique et les agitations de plus de vingt siècles n'ont pu briser le cadre plus solide que le bronze. Tout autant de vérités et de bienfaits dont il tient à ce que les enfants de Juda ne perdent ni la conviction ni la mémoire [1].

A tous ces titres, il exige qu'ils maudissent éternellement les idoles de l'étranger ; qu'ils se gardent comme du crime le plus coupable de leur dresser des autels et de leur brûler de l'encens ; qu'ils l'adorent au contraire Lui, le Dieu créateur du ciel et de la terre ; le Dieu d'Abraham, d'Isaac et de Jacob ; Lui le seul Dieu parmi tous les Dieux, le seul qui ait le droit de dire : *Je suis celui qui suis.* Et ce culte qu'il réclame comme un tribut

____

[1]. C'est là ce qui remplit tous les livres de Moïse.

obligatoire n'est ni un culte capricieux et livré à la volonté de chacun, il en a fixé lui-même toutes les prescriptions, depuis la forme du tabernacle jusqu'aux moindres détails des sacrifices; ni un culte exercé par des prêtres que les hommes aient choisis, par son ordre c'est la tribu de Lévi qui doit à jamais remplir les fonctions du sacerdoce; ni un culte purement individuel et dont les pratiques ne s'imposent qu'aux particuliers; il atteint aussi le corps même de la nation, qui tout entier doit se prêter à la plupart des cérémonies qu'il commande et des solennités que ramène, dans le cours de l'année, le cercle de sa liturgie [1].

Enfin, à cent reprises différentes, il place l'injonction de ces devoirs religieux, sous une sanction temporelle dont il se charge d'être lui-même l'exécuteur vis-à-vis de son peuple obéissant ou rebelle. Il en a déposé surtout l'expression dans les Livres de Moïse, qui fut, sous sa dictée, le grand législateur des Hébreux. Qu'Israël demeure

---

1. Il faudrait également citer ici presque tout le *Pentateuque*, à partir du livre de l'*Exode*.

fidèle au culte comme à la loi du vrai Dieu, toutes les bénédictions d'ici-bas sont assurées à ses champs, à ses troupeaux, à son commerce, à ses armées ; qu'au contraire il passe aux idoles et transgresse les préceptes gravés sur les tables du Sinaï, à l'instant même et dans une proportion correspondant à celle de ses crimes, ses champs cesseront d'être fertiles, ses troupeaux de se multiplier, son commerce de fleurir, ses armes de vaincre. Il n'est pas de calamités inouïes ou déjà connues qui ne doivent s'abattre et sur le sol qu'il travaille et sur les cités qu'il habite. On dirait que Dieu se plaise à décrire avec minutie les récompenses ou les châtiments qu'il réserve à son peuple soumis ou révolté. Et dans le détail de ces présages consolants ou terribles, il tient à ce que les Juifs se pénètrent profondément de ces deux pensées : c'est qu'il les frappera surtout pour les actes d'impiété ou d'apostasie nationale ; c'est ensuite que Lui-même et personne autre que Lui, dans les calamités qui les accableront, ne versera sur eux la coupe de la colère et des vengeances. Après l'avoir redit mille fois en son nom [1], Moïse le publie, j'allais dire le chante encore dans son dernier cantique, avec l'éclat de la plus haute poésie, et je ne sais quelle majesté que la proximité de la mort imprime au testament de cet homme, de ce génie, de ce thaumaturge, qui fut le fondateur du plus grand et du plus impérissable des peuples.

« Voyez, — ce sont les accents que Dieu place sur ses lèvres inspirées, — voyez que je suis seul et qu'il n'y a pas d'autre Dieu que moi. Je tuerai et je ferai vivre ; je frapperai et je guérirai, et il n'est personne qui puisse arracher quoi que ce soit de ce qu'a saisi ma main. »

« Je lèverai ma main vers le ciel, et je dirai : Je suis éternellement. »

« Si j'aiguise et fais briller mon glaive comme l'éclair ; et que ma main s'étende pour exécuter mes jugements, mes ennemis seront accablés par ma vengeance, et ceux qui me haïssent par les retours de ma colère. »

« J'enivrerai mes flèches de sang ; mon épée

(1) *Deuteronom.*, VI, VII, XII, XIII.

dévorera les chairs saignantes de ceux qu'elle aura égorgés, ou réduits à une captivité où leur tête paraîtra dépouillée et sans honneur [1]. »

Dieu ne connaît ni un autre langage, ni une autre façon d'agir. Aussi bien du temps d'Isaïe que du temps de Moïse, il veut impérieusement que les Hébreux, comme peuple, fassent un acte de foi permanent à l'unité de son être et au gouvernement de sa providence ; il veut avec non moins d'autorité que, comme peuple, ils l'adorent, et cela par un culte public et national ; il met enfin ce double précepte sous la garantie des promesses les plus généreuses et des plus formidables menaces. Ce n'est pas à vous, mes

---

1. Videte quod ego sim solus, et non sit alius Deus præter me ; ego occidam et ego vivere faciam : percutiam et ego sanabo, et non est qui de manu mea possit eruere.

Levabo ad cœlum manum meam, dicam : Vivo ego in æternum.

Si acuero ut fulgur gladium meum, et arripuerit judicium manus mea : reddam ultionem hostibus meis, et his qui oderunt me retribuam.

Inebriabo sagittas meas sanguine ; gladius meus devorabit carnes, de cruore occisorum, et de captivitate, nudati inimicorum capitis.

Deuteronom., XXXII, 39, 40, 41, 42.

Très-Chers Coopérateurs, qu'il faut apprendre que l'histoire répond aux unes comme aux autres avec la plus invariable fidélité. Le peuple observe-t-il exactement la religion de Moïse ? Les juges et les rois qui l'y encouragent sont bénis, et lui-même a des destinées glorieuses. Court-il aux idoles ? Les princes qui lui donnent l'exemple ou la liberté de cette apostasie, sont maudits ; il en est, de son côté, puni comme eux. A l'instant les fléaux se déchaînent contre sa vie ou ses cultures ; des guerres funestes y joignent leurs désastres. Le Philistin l'inquiète ; l'Egyptien l'envahit ; l'Assyrien l'écrase et l'expatrie. Le temple est anéanti ; Jérusalem tombe en poussière ; ses habitants sont traînés captifs auprès des fleuves de Babylone, et condamnés, pendant plus d'un demi-siècle, à laisser leurs cithares muettes suspendues aux saules du rivage. Le Seigneur a toujours sous la main des conquérants et des empires prêts à punir les outrages faits à ses droits souverains par la nation de son choix ; il les lance à propos comme des bêtes fauves, pour cette mission de colère ; jusqu'à ce que ces instruments eux-mêmes plus coupables même que les Juifs envers le Dieu dont ils ont été les vengeurs, périssent à leur tour dans une ruine sans espoir, tandis que Jérusalem ressuscitera dans la lumière, l'honneur et la liberté.

II. — *Avons-nous été coupables de cette première faute ?*

Eh bien ! ce crime que Dieu déclare par les Saintes Lettres considérer avec tant d'horreur, ce crime qu'il a constamment menacé par ses prophètes ou frappé par les instruments de sa colère de châtiments si formidables, ce crime dont la présence ou l'absence est, à elle seule, la clé des événements si glorieux ou si tragiques dont se compose l'histoire du peuple juif sous l'Ancien Testament, ce crime ne l'avons-nous pas commis nous-mêmes à l'état de *crime national ?* Et s'il en est ainsi, s'il a véritablement pris parmi nous le caractère et les proportions d'une *iniquité sociale*, l'Ecriture et la foi ne nous obligent-elles pas à le compter parmi les causes qui ont, au premier chef, irrité le Seigneur contre nous, et provoqué les désastres sans nom dont vient de nous accabler l'invasion germanique ?

Certes, je ne veux pas trop insister ici, pour ne point répéter longuement des choses devenues banales malgré leur inexcusable désordre. Mais il est impossible de s'en taire d'une manière absolue. Dieu, dans la société juive, était au sommet, au centre, à la base ; il l'enveloppait, la pénétrait, l'animait tout entière, et il tenait à ce qu'il en fût ainsi, parce que c'était le droit inaliénable de sa souveraineté. Nous, au contraire, nous l'avons impitoyablement chassé de l'organisme national. Il n'est ni dans la Constitution, ni dans le gouvernement, ni dans les lois, ni dans aucune des institutions publiques. Une religion d'État, c'est-à-dire un peuple et des pouvoirs croyant en Dieu, c'était bon pour nos vieux ancêtres. On en a fini depuis 89 avec cette odieuse théocratie du moyen âge ; et maintenant il est bien entendu que c'est l'athéisme qui, en France, sert de fondement à l'édifice social.

Telle est, dans ses termes généraux, la doctrine officielle. Après cela dans le détail néant sur la nature et l'unité de Dieu. On admet la liberté des cultes ou, en d'autres termes, diverses religions reconnues par l'État, à s'épanouir au soleil de la patrie. Mais entre ces cultes qu'il prétend protéger, l'État ne prononce pas. Où est la vraie notion de Dieu ? Chez le catholique ? Chez le protestant ? Chez l'israélite ? Chez le musulman ? Qu'importe à l'État ? C'est un problème futile dont il s'inquiète peu de poursuivre la solution ; il traite ces nuances de doctrine avec un égal respect ou plutôt avec un égal mépris. Dieu n'en était pas là du temps de Moïse ; il tenait sévèrement à ce que la nation choisie sût bien ce qu'il était et ne le confondît pas avec les faux Dieux. Mais l'État moderne proscrit avec indignation cette intolérante théologie. Que Dieu soit ce qu'il voudra ! c'est là sa grande maxime.

Néant sur l'essence de Dieu ; néant aussi sur sa Providence. Pour le peuple juif, pas une rosée, pas une pluie, pas une sécheresse, pas une tempête, pas un tonnerre, pas une défaite, pas une victoire, pas une captivité, pas un retour à la patrie, pas un événement national où Dieu ne mette la main. Il faut que le peuple le sache, le croie, le publie : et s'il essaie de se soustraire à cette obligation que ne cessent de lui rappeler les pontifes et les prophètes, le Seigneur ne manque jamais de maudire et de châtier cette odieuse ingratitude. Aujourd'hui comme alors, l'homme s'agite, la société marche. Mais nous sommes trop raisonnables pour ajouter que c'est Dieu qui les mène. De tout autres ressorts font à présent mouvoir les peuples. Les découvertes de la science, les habiletés de la politique, l'intelligent usage de la force, le jeu des passions et des intérêts, la loi du progrès, le souffle de jour en jour plus puissant de la civilisation, voilà les vrais causes par lesquelles s'expliquent les évolutions et les révolutions de l'humanité. Un homme d'État doit tout leur attribuer pour être à la hauteur de son époque : il ne lui est pas permis, dans ses discours officiels et ses notes diplomatiques, d'en reconnaître et d'en signaler d'autres. S'il a le malheur, dans une occasion quelconque, de parler de Dieu, d'évoquer la Providence, ce mysticisme rétrograde, le fait prendre en pitié par les grands représentants de l'esprit moderne. On ne lui pardonne pas de rendre ainsi le gouvernail des peuples et de l'histoire à ce pilote éternel, dont 89 et le développement des lumières publiques ont si justement fait évanouir le fantôme.

Néant pour la part réservée à Dieu dans les hommages des peuples. Sous l'ancienne alliance, toute violation du sabbat, toute atteinte sacrilége portée à la sainteté des sacrifices dans le tabernacle ou dans le temple, toute omission de fête prescrite par le rituel de Moïse, autant de fautes sévèrement frappées par la loi, quand les individus en étaient coupables, et par la colère divine quand elles étaient le crime de la nation. Preuve éclatante du prix que le Seigneur attachait à ce que son nom fût honoré par un culte perpétuel et perpétuellement social! Mais de pareilles exigences ne sont plus admises par l'État moderne. Le sabbat chrétien? Il en parlera peut-être dans quelques traités passés avec des entrepreneurs de travaux publics. Mais ces traités eux-mêmes sont pour lui lettre morte, et quel souci voulez-vous qu'il ait du grand jour du repos? Il permettra sans aucun scrupule que l'ensemble du mouvement national s'organise comme si la semaine ne devait point avoir de dimanche. Quant aux prières publiques, il ne peut pas ne pas en réclamer par intervalles, la superstition populaire le demande. Mais il en provoquera partout à la fois et presque en mêmes termes ; il se fera partout aussi représenter, dans nos cathédrales et dans nos mosquées, dans le temple réformé comme dans la synagogue, montrant ainsi qu'il est jaloux de garder un imperturbable équilibre entre les cultes les plus contradictoires, et qu'il est fort indifférent pour la diversité des notions qu'ils ont de Dieu et pour la variété des formes sous lesquelles ils le prient. Et afin qu'un doute sur ses dédains pour ces nuances théologiques soit impossible, s'il est forcé de se rendre à quelques cérémonies religieuses, le monde officiel a bien soin de prouver aux plus aveugles qu'il n'en fait qu'une moquerie, n'ayez peur qu'il scandalise les foules par les témoignages d'une foi convaincue et par la dignité d'une attitude respectueuse.

Tel est bien notre état depuis 89. C'est-à-dire que nous sommes descendus au-dessous de ces Athéniens dont parlent les Actes des Apôtres. Quand saint Paul était arrivé dans leur cité, c'est lui-même qui le raconta devant l'Aréopage, il avait rencontré un autel sur lequel il avait lu cette inscription : « Au Dieu inconnu, *Ignoto Deo* [1], » Chez nous on pourrait faire plus. Dans les palais de nos rois, de nos empereurs et de nos consuls, dans les préfectures, dans les académies, dans les casernes, dans tous les édifices officiels, l'image de l'athéisme pratique a le droit de trouver place ; et pour peindre exactement la situation, on devrait y dresser une colonne avec cette légende : « Au Dieu, non plus seulement inconnu, mais oublié, mais méprisé, nié par la nation et par son gouvernement. »

Voilà notre premier crime qui est aussi notre premier titre aux châtiments divins : la négation de la Souveraineté générale de Dieu et de son

---

1. Act. XVII, 23.

action providentielle dans la conduite des peuples.

Notre second crime touche au premier : c'est la négation de la Royauté particulière de Jésus-Christ sur le monde.

III. — *Dieu menace aussi de sa colère la négation de la royauté particulière de son Fils incarné.*

Dieu le juge, dans les Saintes Lettres, aussi sévèrement que l'autre, et le menace de châtiments pour le moins aussi formidables. Le Roi-Prophète, dans son deuxième psaume, nous l'apprend avec autant de certitude que de poésie et de grandeur.—« Pourquoi, s'écrie-t-il, pourquoi les nations ont-elles frémi? Pourquoi les peuples ont-ils médité d'inutiles desseins? Les rois se sont levés, et les princes se sont rassemblés dans une ligue commune contre le Seigneur et contre son Christ. — « Brisons leurs liens, ont-ils dit, et rejetons leur joug loin de nous. » — Celui qui

habite dans les cieux se rira de leurs complots,
et le Seigneur s'en moquera. Alors il leur parlera dans sa colère, et il les troublera dans sa
fureur [1]. »

Dès ces premières paroles, la nature du crime
et la menace du châtiment sont nettement indi-
quées. Le crime, c'est la conspiration contre le
Seigneur et contre son Christ placé sur le même
rang que le Seigneur lui-même ; puisqu'ils imposent les liens et un joug commun, c'est preuve
que la révolte, qu'elle se dirige contre l'un ou
contre l'autre, constitue un attentat toujours égal,
parce qu'elle outrage deux maîtres égaux par
leur nature et par leur dignité. La menace du
châtiment n'est pas moins éclatante que la consta-
tation du forfait. Ce rire du Très-Haut, cette *déri-*

---

[1]. Quare fremuerunt gentes? et populi meditati sunt inania?

Astiterunt reges terræ, et principes convenerunt in unum
adversus Dominum et adversus Christum ejus.

Dirumpamus vincula eorum, et projiciamus a nobis jugum
ipsorum.

Qui habitat in cœlis irridebit eos, et Dominus subsannabit eos.

Tunc loquetur ad eos in ira sua, et in furore suo conturbabit
eos.

Psalm., II, 1-5.

sion de son mépris, cette *parole de sa colère*, ce *trouble* causé par *sa fureur*, ne sont-ce pas les signes et comme les éclairs d'une tempête qui va faire explosion sur la tête des coupables?

Mais comme il importe par-dessus tout, dans la pensée de Dieu, qu'on sache bien que les rigueurs annoncées par son courroux sont destinées à punir les outrages faits au Christ, son Verbe, son image et son suprême amour, voilà le Christ lui-même qui, entrant en scène dans la seconde moitié du psaume, vient affirmer d'une part ses titres au respect du monde, de l'autre son droit de foudroyer quiconque osera les méconnaître.

« Quant à moi, — c'est lui qui parle, — j'ai été établi roi par Lui sur Sion qui est sa montagne, et je suis chargé d'y prêcher sa loi.

« Le Seigneur m'a dit : Vous êtes mon Fils, je vous ai engendré aujourd'hui.

« Faites-moi une demande et je vous donnerai les nations pour héritage, et vos possessions iront jusqu'aux extrémités de la terre.

« Vous les gouvernerez avec une verge de fer,

10.

et vous les briserez comme un vase d'argile [1]. »

Quatre grandes questions sont résolues par cet hymne glorieux aux futures destinées du Christ. — Est-ce que le Christ sera roi de l'univers? — Sans aucun doute ; puisqu'il déclare lui-même que le Seigneur l'établira roi sur Sion, la montagne sainte, et cela pour promulguer les préceptes de Celui d'où lui viendra sa souveraineté : *Ego autem constitutus sum Rex super Sion montem sanctum ejus, prædicans præceptum ejus.* — Et à quel titre sera-t-il roi? — A titre de nature et de généalogie, puisque le Seigneur, qui le nomme solennellement *son Fils*, *l'engendre* dans cet *aujourd'hui* qui ne commence et ne finit jamais, c'est-à-dire dans la gloire d'une génération éternelle et par là même divine : *Filius meus es tu : ego hodie genui te.* — Et sur qui ce prince, Fils

---

1. Ego autem constitutus sum rex ab eo super Sion montem sanctum ejus, prædicans præceptum ejus.

Dominus dixit ad me : Filius meus es tu ; ego hodie genui te.

Postula ad me, et dabo tibi gentes hæreditatem tuam, et possessionem tuam terminos terræ.

Reges eos in virga ferrea, et tanquam vas figuli confringes eos.

Psalm, II, 6-9.

éternellement engendré du Très-Haut, règne-
ra-t-il? Sur les individus seulement ou sur l'ensemble des nations? — Non-seulement les âmes
isolées lui seront données en patrimoine; mais
les peuples mêmes, comme peuples, formeront
son héritage, et deviendront, d'un bout de la terre
à l'autre, une possession dont il sera maître de
disposer comme il l'entendra : *Dabo tibi gentes
hæreditatem tuam, et possessionem tuam terminos
terræ.* — Et si les nations refusent de reconnaître
son autorité, d'obéir à ses lois, de quelle façon
sera-t-il en droit de les traiter? Son sceptre pourra
se changer alors en verge de fer; son courroux,
justement irrité de leur rébellion, sera libre de
les mettre en pièces comme un vase d'argile, et
c'est, en effet, à cette extrémité lamentable que
les réduira sa vengeance : *Reges eos in virga ferrea,
et tanquam vas figuli confringes eos.*

Royauté du Christ, droit d'exercer, en vertu de
cette souveraineté divine, une autorité publique
et sociale parmi les peuples, puissance et résolution de les châtier et au besoin de les anéantir,
s'ils osent se dérober à la discipline qu'il leur im-

posera, voilà trois choses exprimées avec une radieuse évidence par les prophéties lointaines de l'Ancien Testament.

Une autre prophétie, placée par sa date au seuil de l'ère chrétienne, contient les mêmes enseignements et les mêmes présages. Elle part de Celui-là même que David vient de chanter et de nous montrer couronné de tant de gloire et armé de tant de foudres. Après un apostolat dont les consolations et les fruits n'ont ni égalé ni compensé les fatigues et les sueurs, après avoir, sans y réussir, essayé de rassembler les enfants de Jérusalem à l'ombre de son amour, comme une poule rassemble ses poussins sur ses ailes, Jésus-Christ, le Verbe incarné, Lui qui, engendré dans le jour indivisible et intarissable de l'éternité, a reçu les nations pour héritage, Lui qui a le droit de les mettre à néant lorsqu'elles ont tenté de se soustraire à son empire, Jésus-Christ s'assied sur les hauteurs qui dominent la cité coupable, et là, les yeux et la voix pleins de larmes, il s'écrie ! « Que n'as-tu compris, dans ton jour de grâce, les choses qui t'ont été dites pour ta paix ! Maintenant elles sont cachées à tes yeux. Voici que d'autres jours vont arriver pour toi, et tes ennemis t'environneront et t'environneront encore d'une ligne de circonvallation; ils te serreront de toutes parts; et ils t'abattront jusqu'à terre, et avec toi ceux de tes fils qui seront dans ton sein; et ils ne laisseront pas en toi pierre sur pierre, parce que tu n'auras pas connu le temps de la visite que tu as reçue [1]. »

Il n'y a pas à s'y méprendre : le Christ se considère comme ayant le droit de régner sur Jérusalem, en la tenant rassemblée sous les ailes de son amour; il a fait tout ce qu'il a pu pour la décider à reconnaître cette royauté douce comme celle d'une mère, mais en même temps sacrée comme elle. Et parce que Jérusalem a refusé de se soumettre, cette résistance est un crime qui ne

[1] : Et ut appropinquavit, videns civitatem, flevit super illam dicens : Quia si cognovisses et tu, et quidem in hac die tua, quæ ad pacem tibi : Nunc autem, abscondita sunt ab oculis tuis.

Quia venient dies in te; et circumdabunt te inimici tui vallo; et circumdabunt te, et coangustabunt te undique;

Et ad terram prosternent te, et filios tuos qui in te sunt; et non relinquent in te lapidem super lapidem, eo quod non cognoveris tempus visitationis tuæ.

Luc, XIX, 41-44.

lui sera pas pardonné. A la visite méconnue de la grâce succédera la visite vengeresse de la colère : la cité rebelle tombera sous les efforts d'un ennemi sans pitié, et de ses murailles abattues, arrachées même de leurs fondements, il ne restera pas pierre sur pierre. On sait si la chute effroyable de Jérusalem sous les coups des Romains a vérifié la sinistre prédiction du Sauveur contre la ville et le peuple déicides.

Ainsi, dans l'Évangile comme dans les Prophètes, telle est la loi portée : attentat contre la Royauté publique et sociale du Christ, appel indubitable de châtiments providentiels sur le peuple coupable de cette révolte impie.

IV. — *Nous avons également commis cette seconde faute, avec des circonstances aggravantes. —* *Orgueil* EXTRAVAGANT *et* OBSTINÉ.

A quoi servirait d'insister pour établir que ce tort est le nôtre ? N'est-ce pas un fait malheureusement trop palpable ? Certes, c'est le Dieu de

Clotilde devenu le Dieu de Clovis, c'est-à-dire le Christ, qui fit naître la France sur le champ de bataille de Tolbiac. Ce sont les évêques du Christ qui l'ont formée dans son développement comme les abeilles forment leur ruche. C'est l'Église qui, degré par degré, l'a conduite à ce faîte de grandeur où, pendant des siècles, elle a passé pour la plus généreuse et la plus civilisée des nations. Malgré tant de bienfaits si longtemps prodigués à ses fils, la France, comme État, a renié le Christ, son Dieu, son Père, et son Roi. Voltaire en avait tué le règne dans les âmes ; 89 l'a détruit dans les institutions. Rien dans nos chartes, ni dans les doctrines du pouvoir, ni dans la lettre de nos codes, ni dans les règlements de nos armées, ni dans l'enseignement officiel, ni dans l'esprit et la conduite de nos administrations, ne rend un hommage quelconque, même lointain, même timide, à la divinité de Jésus-Christ, ce dogme sacré, des entrailles duquel sont sorties et notre vie et notre histoire.

L'ingratitude et l'impiété ne se sont pas bornées à l'insulte de la réticence. Naguère un nouvel

Arius a nié, comme celui d'Alexandrie, la divinité du Verbe fait chair, dans un volume considérable qui n'était qu'un long blasphème. La France accepta la solidarité de ce crime en donnant à l'ouvrage qui le constituait un succès immense, et à l'auteur dont l'apostasie l'avait produit une véritable fortune. Mais la complicité de l'État fut bien plus scandaleuse encore, puisqu'il essaya de glorifier l'écrivain déicide, et que, sans la protestation des vrais catholiques indignés, il l'eût vraisemblablement attaché à quelque grande chaire de l'enseignement supérieur. Quelques professeurs célèbres applaudirent à son livre sacrilége ; ils allèrent même jusqu'à déclarer qu'il n'avait pas poussé assez loin la guerre qu'il avait entreprise contre le surnaturel, le miraculeux, le divin ; et le Pouvoir ou se tut, ou se contenta de leur recommander la prudence. Si le Sénat crut devoir un jour se préoccuper de cette question douloureuse, il put entendre, en détail, quelques réprobations éloquentes ; mais il dut subir aussi des apologies monstrueuses, et le vote par lequel il conclut le débat, n'opposa qu'une réparation vulgaire à l'injure qu'avait subie l'article le plus auguste et le plus touchant de notre foi.

Inutile de constater plus à fond ce triste fait dont l'évidence nous accable : c'est que nous avons dépouillé Jésus-Christ de toute royauté publique et sociale, quoiqu'il ait été le véritable créateur et qu'il demeure encore le seul soutien de notre civilisation.

Ce qu'il importe surtout de remarquer ici, c'est que ce crime contre le Verbe incarné, rédempteur et régénérateur des peuples, déjà si grave par lui-même, devient plus grave encore par de certaines circonstances particulières qui l'accompagnent. Il en est de même pour notre crime contre la souveraineté générale de Dieu et son action providentielle sur la vie des nations. Nous avons commis l'un et l'autre avec un extravagant orgueil. Cette double négation n'est en soi, comme doctrine, qu'un double délire enveloppant une double impiété ; l'État social dont elle forme la base est à son tour aussi funeste qu'illégitime ; une société sans Dieu c'est une maison sans fondement ; et pour peu que nous fussions raisonnables, nous serions honteux de cet ordre de choses que la sagesse païenne elle-même repoussa toujours avec horreur. Mais non, après plus de dix-huit siècles de christianisme et de lumière, cet athéisme gouvernemental nous plaît ; nous en sommes fiers, et nous l'inscrivons d'une main triomphante parmi les immortelles conquêtes de 89. — Orgueil obstiné. Le Saint-Siége a mille fois condamné cet athéisme collectif et social ; jamais il ne s'en est expliqué ni dans ses grands actes publics, ni dans ses réponses aux consultations particulières, sans le flétrir ou le foudroyer. Comme ils devaient le faire, les évêques, au moins en immense majorité sur tous les points du globe, en ont parlé dans le même sens et avec la même rigueur que les austères décisions émanées de Rome ; et dans ce jugement solennel, c'était le jugement de l'Esprit-Saint lui-même qui se faisait entendre. Mais l'Esprit-Saint n'a qu'à replier ses ailes et à se cacher devant les clartés de l'esprit moderne, beaucoup plus radieuses et plus infaillibles que les siennes. En dépit de l'Eglise, nous avons persisté jusqu'à ce jour et nous persistons encore à proclamer la légitimité philosophique de l'athéisme social, accusant ainsi la Révélation et ses divines lumières de n'être que ténèbres !

Chose épouvantable ! Il a fallu que cette opiniâtreté sacrilége nous suivît jusqu'au sein de nos désastres. Ceux qui nous ont gouvernés depuis le 4 septembre ont plusieurs fois adressé la parole au pays, et quel langage ont-ils tenu ? A part deux ou trois proclamations de généraux où le nom de Dieu figurait avec quelque dignité, les communications officielles ne se sont-elles pas fait une loi de garder sur Lui le plus scandaleux silence ? Si l'on gémissait de nos revers, nous montrait-on sa justice s'exerçant par nos calamités ? Si l'on nous annonçait quelque avantage militaire, songeait-on à faire remonter une part de notre reconnaissance vers le Dieu des armées ? Si l'on nous encourageait à l'espérance, nous invitait-on, pour la rendre efficace, à prier Celui qui porte dans ses mains les clés et les secrets de l'avenir ? Au néant toutes ces puérilités mystiques ! Il faut à la patrie abattue et broyée des doctrines plus hautes, une liqueur plus généreuse, pour la consoler et lui rendre du cœur. Le *génie* de la France qui se voile dans la défaite, la *fortune* de la France qui se réveille dans la victoire, l'*étoile* de la France qui remonte à l'horizon de la guerre et du destin, voilà le vin nouveau servi à l'illustre blessée de l'invasion germanique, par je ne sais quelle race de séminaristes transfuges et de clercs apostats, travestis en dictateurs ou en proconsuls ; leur naïve démence s'est imaginée que ces vieilles inepties païennes de la Révolution, ressuscitées dans une langue plus médiocre que celle du Jacobinisme lui-même, remplaceraient avec avantage la foi du Christ pour électriser la France vaincue et lui donner la force de s'arracher aux étreintes de l'Allemand qui l'étouffait !

On a fait un pas de plus dans cette voie honteuse. Un aventurier niçard, un marin vulgaire, emporté sur je ne sais quels rivages du Nouveau Monde par des barques marchandes, un conspirateur devenu tout à coup une sorte de libérateur pour les Italiens enivrés, un flibustier à qui des audaces révolutionnaires ont valu, dans un certain monde, l'honneur de passer pour un héros et de devenir général, un personnage enfin, moitié pirate et moitié histrion, s'était toujours signalé depuis plus de vingt ans par son aversion pour la vraie France. Il s'était fait une gloire autant qu'un plaisir de rougir ses mains et ses bras de notre sang. A cette exécration pour notre pays, il a constamment uni, dans son cœur comme dans ses discours, la haine la plus infernale pour notre religion sainte; haine pour le Saint-Siége; haine pour le clergé; haine pour les ordres religieux; haine pour toutes les institutions catholiques. On sait les horreurs que cette abominable impiété lui fit commettre, depuis la révolution romaine de 1848 jusqu'aux monstrueux sacriléges commis par ses fils et leurs bandes sauvages dans l'effroyable campagne de 1867. Eh bien ! cet ennemi forcéné de la France et du Christ, nos dictateurs ne l'ont-ils pas appelé pour nous défendre contre la Prusse victorieuse ? N'a-t-il pas infligé à notre armée des Vosges la désespérante humiliation de l'avoir à sa tête ? Avec le droit de nous commander, c'est-

à-dire de nous perdre, n'a-t-il pas pris et pratiqué, comme en Italie, celui d'insulter les évêques,
de calomnier et de brutaliser les prêtres, d'ou-
trager les religieuses, de profaner nos temples,
de voler nos sacristies, de dilapider nos finances,
de s'immobiliser dans la débauche, tandis que
nos soldats périssaient par la faim, le froid ou la
mitraille, de couvrir enfin toutes ces infamies
par des télégrammes menteurs, annonçant d'imaginaires victoires?

Et pendant que nous outragions ainsi le Christ
par les honneurs prodigués à cet impie étranger,
des Français, des magistrats placés tantôt à la
tête de quelques départements, tantôt à la tête
de certaines municipalités, n'ont-ils pas déployé
contre notre Dieu le fanatisme d'une hostilité non
moins implacable? Ne les a-t-on pas vus, d'une
main barbare, écarter les prêtres des ambulances? N'ont-ils pas fait disparaître le crucifix
dans certaines écoles? N'ont-ils pas arraché la
direction de quelques-uns de ces établissements
aux congrégations religieuses, et cela malgré les
vœux et les protestations des familles qui récla-

maient à grands cris le maintien des Frères et des Sœurs ? N'a-t-on pas exigé, même dans les classes confiées à des instituteurs séculiers, qu'il ne fût question ni d'enseignement religieux, ni surtout de catéchisme et de prières catholiques ? N'a-t-on pas enfin poussé ce despotisme athée jusqu'à défendre diverses manifestations du culte public, même inoffensives, sans périls pour l'ordre et la tranquillité générale, consacrées souvent par des autorisations régulières et d'antiques traditions ? Ainsi, jusque sous les foudres du Très-Haut, jusque sous les pieds des Prussiens, exécuteurs féroces de ses vengeances, nous nous sommes acharnés à le braver, à l'irriter encore en multipliant nos insultes à la royauté de son Fils.

V. — *Orgueil contagieux et propagateur du blasphème.*

Enfin, l'orgueil de notre rationalisme n'a pas été seulement opiniâtre, il s'est fait propagateur. Au sein de toutes les nations dissidentes, nous voyons sans ombrage se perpétuer la religion d'État. Elle existe en Angleterre, et nous ne disons rien ; elle existe en Danemark, en Suède, et nous ne crions pas ; elle existe en Russie, et c'est à peine si, par intervalles, nous plaignons quelque peu la Pologne qu'elle écrase ; elle existe même en Prusse, et tout saignants, tout déchirés des blessures qu'elle vient de nous faire, nous ne songeons nullement à nous offenser de l'autorité spirituelle dont le nouvel empereur d'Allemagne est couronné. L'erreur a confisqué ce principe, et nous le lui pardonnons ; l'hérésie et le schisme en font un instrument de règne ; c'est chose parfaitement admise. Si la Révolution devenait une fois de plus parmi nous maîtresse des affaires, elle s'emparerait à son tour de la même doctrine, et cela pour consacrer, non pas la religion d'État, mais un athéisme d'État ou un paganisme d'État oppresseur et brutal. Pour le catholicisme, c'est-à-dire pour la vérité, rien de pareil. Dans les sociétés où il domine, nous avons décidé, au nom de 89, qu'il ne devait trouver place officiellement ni dans la Constitution, ni dans le Gouvernement, ni dans la loi. Tel est le sort que nous lui avons fait en France. Nous avons entraîné l'Autriche à le traiter de même ; l'Italie et l'Espagne, la Belgique et la Bavière, grâce à nous, ont suivi le mouvement. C'était une entreprise étrange que celle-là ; mais poussés par le souffle du voltairianisme et de la Révolution, nous l'avons abordée, depuis 80 ans, avec la même audace et plus de succès peut-être que nos campagnes militaires. On peut même dire que nos armes ont travaillé directement à l'accomplir ; nos drapeaux n'ont fait le tour de l'Europe qu'afin de laisser tomber partout de leurs plis victorieux ces idées modernes à la tête desquelles est placé l'athéisme légal. Dans cette croisade impie, le schisme et l'hérésie sont restés maîtres de repousser la contagion promenée dans le monde par notre rationalisme et notre épée ; les pouvoirs qui les régissent ont pu toujours et pourront être officiellement religieux et *même chrétiens*, sans que la pensée nous vienne de les blâmer. Mais nous avons pesé dans un tout autre sens sur les peuples orthodoxes ; la France ca-

11.

tholique, c'est-à-dire la nation privilégiée du Christ, la fille aînée de son Église n'a point eu de repos qu'elle n'eût réduit les autres grandes nations catholiques à n'être plus que des sociétés sans foi, administrées par des gouvernements sans Dieu ; et par le plus horrible des aveuglements, quand nous contemplons ce monstrueux ouvrage de notre scepticisme, nous nous figurons, même à l'heure qu'il est, avoir par là fait monter de cent degrés, sur la glorieuse échelle du progrès et de la civilisation, les États que nous avons précipités avec nous dans ces ténèbres éternellement orageuses dont nous parle un Apôtre [1].

Il est donc démontré que nous avons commis, dans d'effroyables proportions, les deux crimes que Dieu nous déclare, par ses Écritures, avoir le plus en horreur : la négation de sa souveraineté générale et de son action providentielle sur le monde ; la négation de la royauté de son Fils incarné, Jésus-Christ, et de son droit public, social,

[1]. Quibus procella tenebrarum servata est in æternum. Epist. Jud., Ap., 13.

à régner sur les peuples. — Il n'est pas moins établi que, puisque le Seigneur a constamment prédit et régulièrement envoyé d'épouvantables châtiments à son peuple quand il s'est rendu coupable de ces fautes, nous avons acquis nous-mêmes des titres signalés aux coups les plus accablants de sa justice et de sa colère.

C'est par là que doivent s'expliquer, comme par leurs grandes et véritables causes, les tribulations inouïes dont nous abreuvent, depuis plus de quatorze mois, et l'invasion prussienne, et nos discordes intestines. Nous avons sans doute irrité le Ciel et provoqué ses vengeances par bien d'autres prévarications. Quels défis impudents ne lui ont pas jetés la licence de la presse, le paganisme des arts, le désordre sans égal des mœurs, les bassesses de l'ambition, les frénésies de la cupidité, la décomposition de la famille, l'anéantissement absolu du respect pour l'autorité, à tous les degrés et dans tous les genres de hiérarchies ? Mais tous ces désordres, si graves qu'ils soient, n'ont pourtant devant Dieu qu'une importance secondaire. Ce qui domine tout, à ses yeux, ce sont les deux grandes proscriptions sociales de Dieu et de son Christ. Le reste ne le laisse pas indifférent ; mais, à la lueur des Livres saints, nous voyons que son courroux a dû en être moins soulevé. Ces deux négations sont la raison suprême des maux dont il nous frappe, et parce que nous avons imprimé je ne sais quels caractères particuliers de malice à notre iniquité, de là vient qu'il vérifie sur nous avec une fidélité désolante les sinistres menaces de ses prophètes.

II

CHATIMENTS DONT NOUS AVONS ÉTÉ FRAPPÉS

VI. — *Caractères généraux des châtiments divins.* — *Accablement et dérision.* — *En fait, Dieu nous a brisés par la Prusse, qui a eu l'instinct de cette mission.*

Le second psaume de David résume en deux mots la loi des vengeances divines, mots à la fois simples et profonds, que devraient éternellement méditer les peuples inclinés vers l'apostasie. Quand le Seigneur châtie les nations coupables, il les brise et se moque ; il les brise à sa manière : *Confringes eos ;* il s'en moque à la façon dont un Dieu sait le faire : *Irridebit eos, subsannabit eos;* il les brise, parce qu'elles ne sont sensibles qu'à ces désastres matériels qui les jettent sous le pressoir : *Confringes;* il se moque, parce que cette apparente dérision de sa providence, en faisant plus amères les calamités qu'elle accompagne, venge mieux sa gloire outragée, et rend la leçon plus salutaire pour ceux qui la subissent : *Irridebit eos.* — C'est là le double sceau dont il a marqué nos malheurs.

Voici d'abord qu'avant de nous broyer et pour nous broyer, il a fait choix d'un marteau : c'est la Prusse. Non pas certes qu'il ait prétendu lui donner un témoignage d'estime et d'honneur en la prenant pour l'instrument de sa justice contre nous. Quand il se servait autrefois de l'Egypte et de l'Assyrie pour châtier son peuple, il n'avait nullement l'intention de récompenser et de glorifier leurs idolâtries. Ainsi des armées de l'invasion ; il les a trouvées bonnes pour devenir le marteau de sa colère envers la France pécheresse. Et en les appelant à cette mission meurtrière, quelle est la première impression qu'il ait mise en elles ? Celle dont ce général Assyrien faisait part autrefois aux habitants de Jérusalem assiégée. Comme si le roi son maître eut parlé par sa bouche, il leur disait : « Est-ce par hasard que

je suis venu, sans l'ordre du Seigneur, dans ce
pays pour le dévaster? Le Seigneur m'a dit :
Monte dans cette terre et ravage-la[1]. » Qui ne
sait qu'à leur tour, quand ils vinrent détruire Jérusalem, les Romains sentirent et déclarèrent
qu'ils étaient poussés plus loin qu'ils ne voulaient
par une force mystérieuse? Tel fut aussi le langage d'Attila, ce formidable conducteur des
grandes invasions barbares dans les Gaules. Il
s'appelait le *Fléau de Dieu ;* c'est le titre par lequel il se désigna, lorsque le saint évêque Lupus
vint, aux portes de Troyes, lui demander ce qu'il
était : « Qui je suis, répondit le farouche conquérant? Je suis le roi des Huns, Attila, le *fléau de
Dieu*[2]. » Ecoutez le cri des Vandales sur l'autre
rive de la Méditerranée, dans l'Afrique désolée
au cinquième siècle par leurs bandes meurtrières.
Ils proclament eux-mêmes, c'est Salvien qui nous
l'assure, qu'ils font comme malgré eux ce qu'ils

(1) Et nunc numquid sine Domino ascendi ad terram istam,
ut disperderem eam? Dominus dixit ad me : Ascende super terram istam, et disperdam eam.
Isai. XXXVI, 10.
(2) *Annal. Baronii*, t. VIII, an 541, n°s 37, 43.

font, et qu'ils y sont non-seulement sollicités, mais en quelque manière entraînés et contraints par une puissance divine [1].

Celui qui, pour notre malheur, vient de renouer la chaîne des antiques irruptions du Nord et de l'Est contre l'Ouest et le Midi de l'Europe ; celui qui reprenant la route suivie par les Alains, les Suèves, les Burgondes, les Huns, franchissant le Rhin presque au même endroit qu'eux, comme eux aussi vient de pousser ses bandes ravageuses sous les murs de Metz, de Troyes, de Paris et d'Orléans ; celui qui, sans avoir trouvé dans les champs catalauniques un autre Aétius pour humilier ses armes, a pu retourner dans les brumes du Septentrion chargé des drapeaux qu'il nous avait pris et des dépouilles qu'il nous avait arrachées, celui-là, dès le début de la campagne s'est appelé du nom que le prophète donnait jadis au roi d'Assur ; il s'est dit « la verge de la fureur divine pour nous châtier : *Assur virga furoris mei*

______

1. Ipsi denique fatebantur non suum esse quod facerent, agi enim se divino jussu ac perurgeri.
Salvian., *De gubern. Dei*, lib. VII, 13.

et baculus ipse est[1]. » Pas un de ses télégrammes de victoire dans lequel il ne se soit, plus tard, attribué, sous une forme ou sous une autre, le même caractère. On s'est tantôt indigné, tantôt moqué du mysticisme de ce ravageur de notre France, et nous devons avouer que ce n'est pas sans raison. Quel rôle étrange l'auguste nòm de Dieu ne joue-t-il pas sur les lèvres de ce prince qui, d'une part, est le patriarche suprême de la franc-maçonnerie dans le monde et, de l'autre, nous a fait pendant six mois une guerre plus sauvage encore qu'elle ne fut heureuse? Mais enfin c'est un trait qui lui est commun, non pas avec les conquérants illustres, mais avec les farouches envahisseurs de tous les temps. Il entre par là dans cette famille des Alaric, des Genseric, des Attila, des Totila, qui se sont tous considérés comme les ouvriers d'une Providence vengeresse et les *fléaux de Dieu*.

1. Isaï. x, 5.

VII. — *Outre l'instinct de sa mission, la Prusse a eu la force des* FLÉAUX DE DIEU.

Après avoir donné à ce marteau vivant l'instinct supérieur de la mission qu'il doit remplir, Dieu l'a mis, comme les anciens barbares, en possession d'une force immense, irrésistible. Assur et l'Egypte montaient autrefois comme les flots d'une grande mer pour engloutir Jérusalem infidèle. Le roi des Huns poussait devant lui des troupeaux innombrables de peuplades réunies dans une même armée [1]. Les plus épaisses nuées de sauterelles ne dépassaient pas la quantité des chevaux qui les accompagnaient [2]. On peut juger de l'énormité de ces masses envahissantes par ce fait qu'attestent de graves historiens que, dans la bataille de Châlons où elles en vinrent aux mains

[1]. Sidon. Apollinar., *Avit paneg.* — Paul. Winfrid. diac. Pars I, *Hist. miscella.* Liv. XV, *ad init.*

[2]. Omnis exercitus cum quadrigis, et equitibus, et sagittariis qui cooperuerunt faciem terræ sicut locustæ. Judith, II, 14.

avec les troupes d'Aétius, chacune des parties engagées perdit plus de cent cinquante mille hommes et, par conséquent, que plus de trois cent mille cadavres restèrent sur ce champ de carnage [1]. Après cette défaite sanglante, Attila ne se retira pas seul vers les régions auxquelles il alla demander un asile. Tant il est vrai qu'il traînait avec lui ses courses dévastatrices, non pas des légions, mais bien des multitudes.

A quelques différences près dans les noms et les civilisations, c'est là ce que la vieille terre des Gaules, devenue terre de France, vient de revoir. Autrefois, on sait comment s'appelaient les chefs d'invasion ; maintenant c'est Guillaume, l'héritier de Brandebourg. Jadis c'étaient les Huns, les Gépides, les Marcomans, les Suèves, les Alains, les Quades, guidés par leurs petits rois et formant réunis le flot envahisseur ; aujourd'hui le Poméranien, le Saxon, le Polonais, le Bavarois, le Ha-

1. Paul Winfrid. *suprà.*
Les Invasions germaniques en France, par M. Heinrich, professeur à la Faculté des lettres de Lyon. — Chap. I, *Les Invasions des barbares*, p. 20.

novrien, le Wurtembergeois, le Hessois et le Badois ont marché confondus dans cette vaste armée du Nord, dont les vagues ont débordé sur notre malheureux pays. Avec ces nombreux affluents de sources et de dénominations diverses, ce n'est pas un torrent, mais une grande mer qui s'est jetée sur nous avec ses ondes vivantes de chevaux et de guerriers, et nous a pour ainsi dire engloutis. Insensés, nous n'avions établi pour leur fermer le passage qu'une armée sans profondeur, qu'une barrière sans consistance ; les eaux n'ont eu besoin que de leur seul poids pour la faire crouler et franchir nos frontières d'un bond victorieux. C'est ainsi que le Seigneur en a toujours agi pour l'exercice de ses vengeances.

VIII. — *Elle en a eu aussi les succès foudroyants.*

L'instinct mystérieux qui les pousse, l'immense agglomération de forces dont ils disposent, voilà deux analogies entre nos envahisseurs et ceux qui furent, dans le passé, les instruments et les *fléaux* de la Justice divine. Un troisième caractère, c'est la rapidité foudroyante des succès qu'ils ont obtenus. S'agit-il, dans l'Écriture, des libérateurs que Dieu va chercher, comme Cyrus, au sein même de la gentilité, pour affranchir son peuple proscrit et captif? Il abat tous les obstacles, enfonce les portes d'airain, renverse les murailles même les plus épaisses, et leur permet, comme à des béliers puissants, d'arriver en quelques bonds au grand acte de délivrance qu'ils doivent accomplir. S'agit-il, dans un sens contraire, des conquérants païens qu'il destine à châtier Juda coupable, ou Israël prévaricateur? Même promptitude, même facilité dans l'exercice de leur austère mission ; pas de fleuve ni de montagne qui les arrête ; pas de citadelles ou de villes fortifiées qu'ils n'emportent ; pas d'armées qu'ils ne dispersent ; et pour faire toutes ces œuvres de ruine et de mort, il ne leur faut pas plus de temps qu'une trombe en met, dans son passage instantané, pour détruire les édifices qui semblaient inébranlables et déraciner jusqu'au dernier arbre des forêts séculaires. N'est-ce pas l'émouvant spectacle qui se déroule dans chaque page des prophètes ?

Ainsi en fut-il quand dut tomber la nouvelle Babylone, la Rome des Césars, enivrée des poisons de la débauche et du sang des martyrs. A chaque jour, à chaque heure, on entendait, ou sur les bords du Tibre, ou sur ceux du Bosphore, crouler au loin quelques lambeaux des murailles vivantes qui, soit en Orient, soit en Occident, défendaient les frontières de l'Empire. Les plus grands capitaines n'avaient pas le temps de se reconnaître, tant les agressions et les victoires des barbares se succédaient coup sur coup, tant la marche de cette inondation terrible ressemblait à celle de la foudre ! — Et nous, à notre tour, que venons-nous de voir ? En six mois, nous avons eu sept armées anéanties, dispersées ou prisonnières. Wissembourg et Reischoffen commencent par culbuter celle du Rhin ; à Sedan, celle de Châlons est enveloppée presque tout entière dans un seul coup de filet, et près de cent mille hommes partent de là pour s'en aller captifs en Allemagne. Au lendemain du succès de Coulmiers, qui ne fut que l'aube trompeuse d'une résurrection, celle de la Loire se vit rompue et condamnée à former deux tronçons. L'un, malgré l'honneur d'une intelligente retraite, ne tarde pas à se désagréger au Mans ; l'autre, heureux à Villersexel, va se briser contre les hauteurs inabordables d'Héricourt, et se réfugie en Suisse pour échapper aux autres désastres d'un autre Sedan. Les places suivent le sort de nos armées ; une héroïque résistance n'empêche pas Toul, Verdun, Montmédy, Mézières, Laon, Phalsbourg, Thionville, d'ouvrir à la fin leurs portes à l'ennemi qui les assiége ; Strasbourg à moitié démoli se rend ; il faut que Metz épuisé capitule ; après quatre mois d'investissement, Paris affamé réclame un armistice et la paix ; Belfort est évacué par celles de nos légions qui le défendent. L'immense matériel, chargé de protéger ces différentes forteresses, passe presque tout entier dans les mains des Allemands ; et le nombre des prisonniers de guerre que nous leur livrons et qu'ils nous ont enlevés, joint à celui des hommes qu'ils désarment à l'intérieur, atteint et dépasse peut-être, au moment où la suspension d'armes est signée, le chiffre épouvantable de huit cent mille. Certes, dans cette succession d'avantages si éclatants, si continus, si multipliés dans un cadre de temps si restreint, et emportés comme à vol d'aigle sur la nation réputée jusqu'à ce jour la première puissance militaire du monde, comment ne pas voir un caractère manifestement providentiel? Ni l'insuffisance de notre première armée du Rhin, ni la faiblesse relative de celles que nous avons improvisées après les déroutes de Wœrth et de Forbach, ni l'épuisement de nos ressources derrière les murailles de nos villes fortifiées, ne peuvent nous fournir la clé et l'explication de tout. Il y avait évidemment derrière la force victorieuse et derrière notre infirmité vaincue, une puissance mystérieuse qui centuplait la première et broyait impitoyablement la seconde; il y avait Celui qui disait autrefois à son peuple par la grande voix de Moïse : « Si tu es infidèle, le Seigneur te fera succomber devant tes ennemis; sorti contre eux

par une seule route, tu seras contraint d'en prendre sept pour t'enfuir, et tu t'en iras dispersé par
tous les royaumes de la terre [1]. »

IX. — *Elle en a eu le caractère sauvage et les*
impitoyables dévastations.

Enfin la quatrième ressemblance de nos vainqueurs avec les *fléaux de Dieu*, c'est le caractère
impitoyable des violences et des dévastations
qu'ils exercent. Sous les coups de l'Assyrien, Jérusalem, la veille encore la plus belle des cités,
n'est plus, avec les merveilles de son temple et
de ses palais, qu'un amas de ruines sans honneur.
Les Romains plus tard détruisent plus radicale-
ment la seconde Jérusalem ; ils arrachent même
les fondements de ses remparts, et font passer la
charrue sur le sol auparavant occupé par les

1. Tradat te Dominus corruentem ante hostes tuos ; per unam
viam egrediaris contra eos, et per septem fugias, et dispergaris
per omnia regna terræ.
Deuteron., XXVIII, 25.

édifices et les murailles de la ville déicide.. Attila ne se fit-il pas aussi je ne sais quelle joie féroce d'anéantir monuments, villages, cités, tout ce qu'il rencontrait sur sa route; et ne disait-il pas avec une fierté sauvage que tout ce qu'avait foulé le pied de son cheval était dans l'impossibilité de renaître? Comment oublier enfin que, dans le même genre d'honneur, les Vandales ont conquis une célébrité sans égale, et qu'ils ont baptisé de leur nom désormais immortel la rage de la démolition pour la démolition même?

Sans dire que les Allemands qui nous ont envahis ont été pleinement dignes de tels prédécesseurs, nous avons pourtant le droit de proclamer qu'ils n'en ont pas totalement renié les traditions et les exemples. Certes, nous n'en disconviendrons pas; le passage d'une armée étrangère, même quand elle sait contenir ses mauvais instincts, est toujours onéreuse et funeste aux pays qu'elle traverse. Mais à ces maux inévitables les Prussiens ont ajouté, chez nous, un surcroît immense de ravages par une malveillance volontaire et raisonnée. Déjà dans les invasions amenées en

1814 et 1815 par la chute du premier Empire, ils s'étaient montrés les plus âpres de tous les coalisés ; cette fois il leur a semblé bon de ne point dégénérer de leurs pères. Dès le début de la campagne, on les a vus préluder à l'annexion de Strasbourg par la mutilation de sa belle cathédrale et par l'incendie de sa riche bibliothèque ; ainsi le voulait, comme du temps d'Omar, le progrès des lumières. Qui racontera les décombres accumulés par eux dans d'autres villes bombardées ? Qui décrira ce qu'ils ont brûlé et mis à néant, sans y être contraints, de fermes, de hameaux, de villages, de plantations et de cultures dans nos campagnes ? Les officiers, les généraux et les princes eux-mêmes, nobles émules du soldat, n'ont-ils pas agi dans les châteaux qu'ils ont occupés de manière à ce que leur séjour y fût non-seulement un fardeau, mais un vrai brigandage ? D'authentiques renseignements ne nous ont-ils pas appris que les chemins de fer avaient gémi sous le poids des objets pillés que nos vainqueurs avaient expédiés en Allemagne, non pas tant pour décorer les galeries publiques que pour orner leurs habitations particulières, réjouir la vanité de leurs femmes et fournir des hochets à la frivolité de leurs enfants? Et s'il fallait énumérer les réquisitions écrasantes qu'ils ont imposées aux populations asservies, les procédés impérieux, draconiens, avec lesquels ils leur ont arraché ces tributs odieux, les massacres révoltants dont ils les ont trop souvent accompagnés, la simple nomenclature de ces atrocités ne suffirait-elle pas pour remplir les pages d'innombrables volumes? Le Dieu dont ils servaient ainsi la justice contre nous, n'a point voulu directement, ni commandé ces horreurs. Mais il a permis qu'ils les accomplissent, pour bien faire constater par là qu'ils étaient les instruments de son courroux. Après de telles œuvres de ruine et de mort, il est impossible de ne pas reconnaître en eux le type de cette bête dont parle l'Apocalypse, et qui, douée de toute la puissance du dragon pour ravager le monde, réunit, dans son étrange constitution, « la forme et la peau du léopard, les pieds de l'ours et la gueule du lion : *Et bestia quam vidi, similis erat pardo, et pedes ejus sicut pedes ursi, et os ejus si-*

cut os leonis. Et dedit illi draco virtutem suam, et potestam magnam [1]. »

C'est ainsi que dans nos malheurs apparaît, avec une lugubre évidence, la première moitié des châtiments prédits par les prophètes contre les attentats commis envers la royauté de Dieu et celle de son Christ : crimes dont nous nous sommes rendus coupables au premier chef : *Reges eos in virga ferrea et tanquam vas figuli confringes eos.*

Pour cela, le Seigneur a fait deux opérations ; par la première, il a préparé les armées allemandes à l'exécution de ses desseins, en leur donnant d'un côté le sentiment d'une mission providentielle, de l'autre une puissance irrésistible de nombre et d'organisation pour nous vaincre et nous humilier. Par la seconde opération, il a permis que ces fils d'une nouvelle Chaldée et d'un autre Assur, devenus le bâton de sa colère, nous brisent par de foudroyantes victoires et d'épouvantables dévastations ; nous avons été réellement

---

1. Apoc., XIII, 2.

12.

mis en pièces comme un vase d'argile : *Tanquam
vas figuli confringes eos.*

X. — *A l'accablement s'est unie la dérision. —
Dérision dans la démence de certains dictateurs
auxquels nous avons obéi.*

Le second caractère des châtiments divins, celui de l'ironie, ne se montre pas, dans nos désastres, d'une manière moins frappante.

Jusqu'à présent nous nous sommes fait une in-
violable loi d'éviter le style du folliculaire, pour
ne jamais parler que le grave langage de l'évêque.
C'est encore une règle dont nous ne voulons pas
nous écarter. Mais pourtant il faut bien, lorsque
la force des choses l'exige, que nous disions des
vérités austères. Et quelle est celle qu'il nous
coûte le plus d'exprimer ici ? C'est qu'à notre avis,
l'ironie la plus amère que pût nous infliger la
Providence a été l'avénement au pouvoir des
hommes entre les mains desquels, après l'investissement de Paris, se sont concentrés le soin et

l'organisation de la défense nationale dans la province.

Ce qu'on a fait dans la capitale, soit pour en assurer la défense, soit pour en rompre le blocus, nous a paru, malgré les violences de la critique et l'impuissance où l'on s'est vu d'atteindre le but désiré, une grande œuvre militaire. Que le général chargé de présider à cette opération n'ait pas pu faire davantage entre les Prussiens du dehors et les Prussiens peut-être plus terribles du dedans, ce n'est pas ce qui m'étonne. Ce qui me surprend plutôt, c'est qu'au milieu de tant de difficultés et de périls, avec si peu de ressources et dans un temps si court, il ait pu faire tout simplement ce qu'il a fait; c'est qu'il ait valu à Paris, où rien n'avait été prévu pour un siége, l'honneur de ne pouvoir être pris par la force, et de ne capituler que devant la famine; je serais tenté de croire et de dire que les merveilles du siége de Gênes ont été dépassées.

Mais en province que s'est-il passé? Dieu disait autrefois à son peuple que, pour châtiment suprême, il le ferait gouverner par des princes-enfants. Il est allé plus loin pour nous ; il nous a livrés aux mains d'enfants qui n'étaient pas princes. C'étaient en eux la frivolité, l'inexpérience et les mobiles caprices des enfants, moins ce je ne sais quoi d'élevé qu'on retrouve presque toujours en ceux qui sont nés d'une tige royale. Invalides ou apprentis du barreau, à peine échappés des lisières ou parvenus à l'âge où on les reprend, ils se distinguaient, en majorité, par une insuffisance à la fois présomptueuse et vulgaire, et du premier au dernier jour, trois manies meurtrières donnèrent le branle à leur administration.—Manie de gouverner seuls la France ; la pensée de faire élire une assemblée nationale, entre les mains de laquelle ils dussent abdiquer, leur faisait horreur : ils ont tenté l'impossible pour empêcher cet acte libérateur du suffrage universel.—Manie de bouleverser tout le personnel, non-seulement des fonctionnaires nommés par le pouvoir central, mais même des conseils sortis du suffrage populaire. Ils se sont montrés surtout impitoyables contre les hommes les plus honnêtes ; et Dieu sait comment ils ont remplacé dans ce vaste mécanisme les rouages qu'ils avaient brisés. Rien ne pouvait être plus funeste à la défense nationale, ni plus avantageux pour l'invasion prussienne. Mais les princes-enfants s'inquiétaient bien de ces grandes choses ? N'avaient-ils pas des fantaisies et des rancunes démocratiques à satisfaire ? — Manie de jouer au soldat. On les a vus s'obstiner, simples avocats, à rester ministres de la guerre. Que pouvaient être auprès de leur génie illuminé par *l'étoile de la France*, l'expérience et le savoir des militaires de profession ? Raconte qui en sera capable, et les grands capitaines qu'ils ont inventés, et les intendants qu'ils ont improvisés, et les fournisseurs qu'ils ont engraissés, et les soldats qu'ils ont sacrifiés ! Ils étaient aussi forts en stratégie qu'en organisation. Marcher en avant quand il fallait se replier, se replier lorsqu'il aurait fallu marcher en avant, des plans de bataille absurdes, des victoires impossibles, voilà tout autant de choses qu'ils ordonnaient avec des airs de compétence et de hauteur que n'égalèrent jamais Alexandre et César. Il était bien entendu que ces merveilles devaient être accomplies par des trou-

pes sans équipements, sans armes, sans discipline et sans pain ; l'entassement des hommes
devait suppléer à tout, même à l'artillerie et aux
munitions de guerre qui faisaient presque entièrement défaut. Tout général qui hésitait était un
lâche, quiconque échouait était un traître, surtout s'il avait le malheur d'être honnête. Garibaldi,
à la bonne heure ! A vrai dire, il outrageait les
évêques, les prêtres, les ordres religieux ; il pro-
fanait et dépouillait les édifices sacrés, renouvelant en France les odieux brigandages d'Italie. Il
se donnait encore le mérite de tomber dans les
piéges des Prussiens ; de prendre au sérieux, sans
y paraître, des combats qui n'étaient que des di-
versions perfides ; et de laisser fièrement couper
la retraite à notre armée de l'Est, qui, pour éviter un second Sedan, a dû se réfugier en Suisse.
Mais n'importe ; c'était un génie, un héros, un
libérateur. On l'a répété mille fois dans des
bulletins, où le laconisme militaire et la gravité
de l'homme d'Etat disparaissaient dans je ne sais
quelles déclamations de rhétoricien, relevées
par d'énormes fautes de géographie et parfois

même de grammaire. Certes, Dieu ne pouvait nous faire une application plus sanglante de cette dérision dont il accable les peuples voués à sa colère : *Qui habitat in cœlis irridebit eos, et Dominus subsannabit eos.*

XI. — *Dérision dans l'inanité de toutes nos espérances.*

La pitoyable incompétence des pouvoirs de hasard auxquels le 4 septembre livra le pays, telle est la première dérision de la Providence irritée ; la seconde sont les déceptions de l'espérance. Partout nous avons commencé par un rayon de succès ; mais ce rayon lui-même n'a jamais été qu'un éclair suivi d'un tonnerre qui nous a broyés. Dans la première affaire de Saarbruck, nous avions eu l'avantage, et qui ne se rappelle sur quel ton lyrique le bulletin du major-général l'avait chanté ? Et presque aussitôt après, Wissembourg et Wœrth ouvraient aux flots vainqueurs de l'invasion germanique une bar-

rière que nous ne devions plus refermer. Pendant le siége de Paris, nous avons fait au début
des sorties qui nous ont offert quelques heureux
présages. Mais en fin de compte, nous n'avons
pu ni percer les lignes prussiennes, ni échapper
à la douleur de capituler devant la faim. A Metz,
il en avait été de même. Borny, Gravelotte et
Saint-Privat sont des noms qui ne s'étaient pas
inscrits sans gloire dans nos fastes militaires.
Impossible toutefois de nous frayer une route sur
Châlons, et de nous soustraire à la cruelle nécessité de nous rendre. Sur les bords de la Loire,
Coulmiers nous apparaît un instant comme signe
d'un changement de fortune. Et à quelques jours
de cette victoire, les forces prussiennes ne s'en-
fonçaient-elles pas comme un coin de fer dans
notre armée qu'elles divisaient et rejetaient en
deux tronçons à droite et à gauche d'Orléans dont
nous étions une seconde fois dépossédés? A
l'Ouest, Josnes, Vilpion, Vendôme, ne sont-ils
pas allés s'abîmer dans la catastrophe du Mans?
A l'Est, Villersexel n'a-t-il pas fini par l'impuissant
effort d'Héricourt, et l'internement de 90,000

hommes sur le territoire helvétique? Ah! que nous voilà bien, suivant le beau mot des Écritures, trompés par des visions mensongères, et nous épuisant en stériles efforts pour saisir une ombre qui s'évanouit et poursuivre le vent qui nous échappe [1]. Toutes nos espérances ont été vaines, et ces espérances non-seulement différées, mais déçues, ont affligé notre âme [2]. Un moment elles ont soulevé le poids dont nous écrasait le sentiment de nos défaites et de nos humiliations ; mais bientôt après, elles ont rendu ce fardeau plus lourd par suite des mécomptes qu'est venue leur apporter une nouvelle succession d'opprobres et de revers. C'est ainsi que le Seigneur se plaît à traiter les impies ; il se fait un jeu de mettre à néant leurs espérances : *Spes impiorum peribit* [3].

1. Quasi qui apprehendit umbram, et persequitur ventum, sic et qui attendit ad visa mendacia. — Eccl., XXXIV, 2.
2. Spes quæ differtur affligit animam.
Proverb., XIII, 12.
3. Prov., X, 23.

XII. — *Dérision dans la conspiration des éléments contre le succès de toutes nos entreprises militaires.*

Une dernière dérision de la Providence : c'est la conspiration des éléments. Voilà de jeunes mobiles appelés sous les drapeaux et jetés brusquement dans les fatigues d'une guerre pour laquelle on n'a rien su ni pu prévoir. Pauvres enfants ! ni dans les douceurs du foyer et de la fortune, ni dans les travaux des écoles, ni dans les labeurs de l'industrie ou de l'agriculture, ils n'ont fait l'apprentissage de la rude vie des camps. Avec eux voilà des mobilisés qui peut-être autrefois ont fait partie de nos armées et furent associés à quelques-unes de leurs expéditions. Mais depuis qu'ils ont quitté le métier des armes, ils ont plus ou moins perdu la trempe vigoureuse et la solidité de tempérament qu'ils y avaient acquises. Aux uns et aux autres, puisqu'ils doivent immédiatement marcher à l'ennemi, il serait à souhaiter qu'à défaut de préparation qui les aguerrisse, le ciel du moins se montrât clément et ne multipliât point par les âpretés de la température, les épreuves inséparables de la profession militaire. Mais Dieu nous réservait encore ici la plus affligeante ironie. L'auteur du livre de la Sagesse s'écriait autrefois : « C'est vous, Seigneur, qui avez la puissance de la vie et de la mort ; vous conduisez aux portes de la mort et vous en ramenez. Il est impossible d'éviter votre main. Les impies qui ont refusé de vous reconnaître ont été flagellés par la force de votre bras. Les eaux débordées, et la grêle, et la pluie leur ont fait subir une sorte de supplice, et le feu les a consumés. Chose merveilleuse ! jusque dans l'eau qui éteint tout, le feu puisait une ardeur nouvelle. Car l'univers exerce en faveur des justes une mission vengeresse [1]. » L'univers ne venge pas seulement les saints ; ainsi que le dit l'écrivain sacré, il venge ainsi Dieu lui-même. A l'heure

---

1. Tu es enim, Domine, qui vitæ et mortis habes potestatem, et deducis ad portas mortis et reducis...

Tuam manum effugere impossibile est.

Negantes enim te nosse impii, per fortitudinem brachii tui

fixée dans ses desseins, il tire des trésors de sa colère des frimas, des inondations ou des feux destinés à jeter d'humiliants défis aux armées même les plus victorieuses. En 1812 il en fit faire la désolante expérience au vainqueur de Borodino et de Moscou, sous les coups impitoyables d'un hiver prématuré. On vit alors, suivant la parole de la Sagesse, le feu lui-même puiser comme un surcroît d'ardeur dans l'eau qui éteint tout, pendant l'horrible incendie des ponts de la Bérézina [1]. Ce déchaînement de la nature s'est renouvelé naguère contre nous. Depuis des siècles peut-être, nous n'avions eu ni des neiges plus abondantes ou des pluies plus torrentielles, ni des gelées plus intenses, ni des jours plus froids, ni des nuits plus glacées. Sur le sol couvert de verglas ou détrempé par les eaux, impossible de traîner le matériel; impossible d'établir les campements;

flagellati sunt : novis aquis, et grandinibus, et pluviis persecutionem passi, et per ignem consumpti.

Quod enim mirabile erat, in aqua quæ omnia extinguit plus ignis valebat : vindex est enim orbis justorum.

Sap., XVI, 13-17.

1. Thiers, *Histoire du Consulat et de l'Empire*, t. XIV, liv. XLV : *La Bérézina*, p. 635-638.

impossible d'allumer les feux de bivouac ; impossible de procéder librement aux grandes opérations militaires. Et quand, au milieu de ces épreuves, les Allemands étant fournis largement de tout, nos jeunes soldats n'étaient presque pourvus de rien; quand, avec leurs habits mis en lambeaux le jour même où ils les avaient essayés, avec leur chaussure qui se fondait au premier contact de l'humidité, ils ont été en outre condamnés au malheur de n'avoir ni cartouches pour armer leurs fusils, ni canons et munitions de guerre pour entamer les bataillons et les travaux ennemis, ni viande, ni biscuit pour réparer ou soutenir leurs propres forces, leur épouvantable situation n'a-t-elle pas été le renouvellement de la déroute de Russie ? Et dans ces deux effroyables désastres, Dieu n'a-t-il pas déchaîné contre nous les mêmes dérisions de sa Providence, par les mêmes intempéries et les mêmes rigueurs se produisant dans la nature ? Et de même qu'en 1812 ces dérisions divines firent voir avec un éclat douloureux, l'extravagance de l'expédition de Moscou, de même n'ont-elles pas, cette année, fait ressortir avec une évidence sinistre l'affreuse imprévoyance de la *Délégation de Tours* et la folie barbare de la *guerre à outrance?* Et pour résumer nos hontes et nos infortunes dans ce qu'elles ont eu de plus extrême et de plus inouï, ne faut-il pas en revenir à cette terrible parole du prophète: *Qui habitat in cœlis, irridebit eos, et Dominus subsannabit eos?*

Oui, nous avons subi, dans sa plénitude la plus entière, le châtiment annoncé par l'Écriture aux peuples révoltés contre la souveraineté du Seigneur et celle de son Christ. Accablement de la défaite qui nous a mis en poussière : *Tanquam vas figuli confringes eos*, et puis accablement de la dérision se jouant de nos débris cent fois humiliés : *Irridebit eos.* Dérision dans la tyrannie des pouvoirs ridicules qui nous ont gouvernés : *Et tyranni ridiculi ejus erunt*[1]; dérision par l'ironie de nos espérances avortant toujours au moment où nous allions en saisir l'objet ; dérision dans la conspiration des éléments et les fureurs d'un hi-

---

1. Habacuc, I, 10.

ver extraordinaire qui détruisent nos armées
même avant le combat : *Irridebit eos.*

XIII. — *Quoique nos châtiments aient été terribles,*
nous n'avons pas le droit de nous plaindre de
leur intensité.

Certes, la peine infligée à nos forfaits par ces
châtiments providentiels est immense. Mais qui
donc aurait le droit de s'en plaindre et d'en demander compte à Dieu, le murmure et le blasphème à la bouche?

Ceux qui ne croient pas à la Providence et se
font un criminel honneur de s'en moquer, ne seront pas assez imprudents, je l'espère, pour s'en
prendre à elle de nos désastres. Il faut qu'ils
cherchent ailleurs l'explication de nos calamités
et fassent retomber sur une autre cause les im-
précations qu'elles leur inspirent. Mais à qui
s'adresseront-ils pour avoir la raison de leurs
maux? Vers quelle puissance feront-ils monter
leurs reproches et leurs malédictions? Ils ne nie-

ront pas que, dans notre guerre avec l'Allemagne, ce ne sont pas seulement deux peuples mais deux civilisations qui se sont heurtées. Et alors de deux choses l'une : ou bien nous avons apporté dans la lutte une civilisation supérieure à celle de la Prusse, et dans ce cas, comment se fait-il que nous ayons succombé? Comment le plus a-t-il pu être écrasé par le moins? Ou bien notre civilisation était inférieure à celle de nos ennemis et, dans ce cas, que faut-il penser des éloges déclamatoires que lui décernaient nos rationalistes dont elle était l'ouvrage? Ils avaient vraiment bonne grâce de jeter tant d'insultes et de mépris à l'étranger, quand l'étranger ne s'était pas fait à l'image de la France voltairienne, libérale ou démagogique? Les insensés! en supprimant la Providence, ils ont fait de nos malheurs un mystère ou sombre et sans issue, ou ne leur permettant d'échapper à la stupeur, que par la honte et le désespoir de s'être aveuglés, grâce à la plus stupide infatuation, sur les déchéances de toute nature dont ils ont doté la patrie.

A ceux qui croient d'une foi sérieuse et chrétienne à l'action de la Providence dans les maux qui nous ont accablés, il n'est pas permis davantage de s'étonner et de se plaindre.

Deux grandes causes humaines et nationales ont amené nos désastres : l'imprévoyance de l'Empire qui nous a livrés sans préparation comme sans force aux mains puissamment armées de l'Allemagne ; les délires de la *Délégation de Tours* qui nous a précipités dans une résistance impossible et nous a condamnés, pour la soutenir, à de monstrueux sacrifices d'hommes et d'argent. Si ces deux extravagances ne s'étaient pas produites, est-ce que nous aurions subi les affronts et les douleurs dont nous nous sommes vus abreuvés depuis une année entière? Tout est parti de là dans ce déluge sanglant où nous flottons encore à demi-submergés. Pour nous en préserver fallait-il que Dieu délivrât l'Empire de sa funeste passion pour les aventures, et la *Délégation de Tours* de ses frénésies démocratiques? Fallait-il qu'il nous guérît nous-mêmes de nos honteuses complaisances vis-à-vis du premier, et de notre lâche flexibilité vis-à-vis de la seconde?

13.

Est-ce qu'il n'était pas maître de nous livrer tous, et gouvernants et gouvernés, au vertige furieux dont nous étions tous saisis ? Et si une fois le frein lâché par la main divine, nos aveugles emportements nous ont tous fait rouler dans un gouffre sans fond, n'est-il pas évident qu'au lieu de reprocher ces désastres à la Providence, nous ne devons les imputer qu'à notre propre folie ?

Aux calamités de l'invasion se sont ajoutées celles de la Commune de Paris, c'est-à-dire de la guerre civile la plus monstrueuse qu'ait enregistrée l'histoire. Celles-ci ne sont pas plus difficiles à expliquer humainement que celles-là. Il est clair que le libéralisme des gouvernements et des lettrés, tels qu'ils l'ont pratiqué depuis 89, est le père de l'*Internationale* et de la dernière insurrection de Paris. Nous mettons au défi ses doctrines de pouvoir logiquement désavouer comme leurs conséquences les incendies et les massacres sans exemple et sans nom dont nous venons de gémir. Ses anciens oracles, ses représentants encore aujourd'hui les plus accrédités, se sont indignés de ces abominations et en ont solennellement flétri, je dirai presque maudit les auteurs ; mais ils ne l'ont fait que par une manifeste et salutaire inconséquence. C'est dire qu'ici encore nous avons recueilli le fruit de ce que nous avions semé ; nous avions semé dans la démence, il était tout naturel que nous fussions condamnés à recueillir dans les larmes. Dieu, pour nous punir, n'a eu besoin que de laisser marcher nos erreurs ; elles sont descendues des classes élevées dans les classes populaires ; elles ont passé des idées dans les faits. Quand la plume et l'encre n'ont plus suffi pour les traduire, on a chargé le pétrole et le canon de les appliquer au remaniement de l'ordre social ; et c'est alors qu'ont éclaté les merveilles de vandalisme et de carnage dont la reine des cités, le foyer le plus brillant de la civilisation contemporaine, l'Athènes et peut-être la Babylone moderne, notre capitale, en un mot, vient d'être le théâtre. Événements mille fois douloureux ! Opprobre épouvantable ! Mais à qui la faute ? Assurément pas à Dieu qui, une fois de plus, s'est contenté de nous abandonner à nous-mêmes.

XIV. — *Nous ne pouvons pas nous plaindre davantage de l'instrument dont Dieu a fait choix pour nous broyer. — Cette mission n'est point un gage d'amour et d'honneur.*

Si des causes préparatoires de nos malheurs, nous tournons nos regards vers l'instrument, vers le marteau dont Dieu s'est servi pour nous broyer, nous n'avons pas plus de droits de nous plaindre.

Il est sûr que la Prusse est une nation protestante, tandis que nous sommes une nation catholique. Sa foi, fût-elle encore purement luthérienne, contiendrait déjà, par ce seul fait, de très-graves erreurs. Mais elle a déserté Luther depuis longtemps, pour se jeter, sur un certain nombre de points, dans les négations plus radicales du rationalisme. On peut dire avec certitude qu'elle est beaucoup plus éloignée de l'Évangile que nous ne le sommes. Conçoit-on dès lors que nous soyons punis de nos outrages contre les révélations du Christ, par un gouvernement et un peuple qui sont allés plus loin que nous dans cette apostasie? N'est-il pas étrange que, pour châtier celui qui a fait moins, la Providence ait pris celui qui a fait plus? Ses préférences seraient-elles par hasard pour qui en est le moins digne?

C'est ainsi que pensent et parlent, en présence de nos malheurs, une foule d'âmes chrétiennes, mais irréfléchies. Sans s'en douter elles sont l'é-cho lointain de plaintes exhalées par les fidèles des cinquième et sixième siècles, sous le coup de l'invasion des barbares : plaintes éloquemment réfutées par les Pères et les apologistes apparte-nant à cette époque orageuse, où les destinées de l'Église étaient si profondément entremêlées à celles du vieil empire romain.

Et l'on ne remarque pas que Dieu semble s'être étudié depuis Moïse, à détruire par avance cette puérile objection. Quand les livres de l'Ancien Testament nous le montrent châtiant les Juifs, nous voyons presque toujours les nations qui frappent, plus perverses et plus détestées de Dieu même que la nation frappée. L'Amorrhéen, l'A-

malécite, le Philistin, l'Égyptien, l'Assyrien, voilà
quels sont tour à tour les exécuteurs de ses vengeances. Ce sont des peuples mille fois plus ido-
lâtres et plus corrompus dans leurs mœurs
que les Juifs même dans leurs égarements les
plus criminels. Mais néanmoins, dans les heures
de sa colère contre Juda et Israël, Dieu traite ces
païens avec une apparente prédilection; il leur accorde sur son peuple des victoires qui l'écrasent;
ils détruisent ses armées, anéantissent ses villes,
dévastent ses campagnes, pillent ses trésors, traî-
nent ses tribus captives sur des rives étrangères.
Et, chose étrange autant qu'elle est certaine ! au
lieu d'être du côté des vainqueurs, le cœur de
Dieu reste fidèle aux vaincus. Par les triomphes
inouïs qu'il assure aux instruments de son courroux, il ne prétend pas leur donner un gage de
tendresse, ni un témoignage d'estime et d'honneur dont ils aient droit de se prévaloir à un titre
quelconque; il les apprécie exactement à la valeur qu'un maître justement irrité attribue au
bâton redoutable dont il se sert pour punir un
serviteur rebelle. Quoique ce bâton redoutable

meurtrisse le serviteur et le force à courber la tête, cependant le maître est loin de placer dans son jugement le serviteur au-dessous du bâton. Ainsi en est-il souvent de ces verges de fer, de ces peuples conquérants, par lesquels Dieu brise, momentanément au moins, d'autres nations comme des vases d'argile. Ils sont païens, licencieux, barbares, avides de brigandages et d'injustes conquêtes. Il les lui faut tels quels ; ils sont assez méprisables pour qu'il leur confie une mission de ruine et de sang, et n'ayez peur que par la bouche de ses prophètes, il en parle avec un autre accent que celui du plus amer dédain.

Ses choix ont été les mêmes sous la nouvelle alliance. Lorsqu'au moment marqué dans ses desseins éternels, il lança les barbares non-seulement sur l'Empire romain, mais encore sur les nombreuses chrétientés qu'il enveloppait dans son cercle immense, de quoi se composait ce déluge vivant dont il couvrait l'univers civilisé mais puni pour ses vices ? C'était de peuplades infidèles ou de hordes hérétiques. Ainsi les Goths et les Vandales étaient Ariens ; ils ravagèrent les Gaules, l'Italie, l'Espagne, l'Afrique et l'Orient, alors que ces différentes régions contenaient encore des Églises florissantes, dont plusieurs étaient gouvernées par de grands et saints évêques. A la veille de s'éteindre, Augustin, la gloire et la lumière d'Hippone, a la douleur de voir les Vandales, autrefois appelés par le dépit de Boniface, assiéger sa ville épiscopale. Les horreurs dont ils la menacent, après avoir porté dans mille autres lieux des ravages et des cruautés inouïs, lui font pousser ce cri de deuil : « Quel gémissement sera assez plaintif, quand la colère du Tout-Puissant est allée jusqu'à lui faire répudier son tabernacle, celui dans lequel il habitait au milieu de nous ? Ce Dieu qui n'a pas épargné son Fils et qui l'a livré pour nous tous, vient pourtant d'attacher si peu de prix à son sang, qu'il n'a fait grâce à aucune église, à aucun clergé, à aucune vierge consacrée, à aucune cité sur notre terre d'Afrique[1]. » Ce discours fut le dernier du pontife à son peuple; il mourut bientôt après, sans songer à se plaindre

---

1. Saint August., *De temp. serm.*, CXI. — Annal. Baron., ann. Christ. 430, n° 32.

de ce que Dieu permettait à des envahisseurs hérétiques de mettre en déroute les légions romaines
et de s'emparer d'Hippone. Il trouvait ces Ariens
parfaitement dignes, à cause de leur arianisme
même, de reprendre le rôle de Nabuchodonosor
et d'Antiochus, et de châtier comme eux les
scandales du peuple de Dieu débordé.

Et voilà précisément l'honneur que le Seigneur
vient de faire à la Prusse protestante, en la laissant nous vaincre et nous humilier ; il l'a traitée
avec l'amour et l'estime qu'on témoigne au fouet
chargé de ramener au respect de la discipline les
esclaves indociles ou les enfants révoltés. Ces
courroies vengeresses, ces lanières ensanglantées,
qu'en fera-t-il demain ?

XV. — *Cette mission eût-elle été un témoignage,
l'Allemagne y avait quelques titres.*

Fallût-il admettre que cette mission de rigueur
dont l'Allemagne vient d'être investie contient un
gage d'honneur, aurions-nous le droit de pré-

tendre que nos ennemis et nos vainqueurs n'y avaient aucun titre ?

Un grand fait avant tout mérite d'être remarqué ; c'est que l'armée d'invasion qui vient de nous submerger et nous submerge encore, avait des soldats de toutes les régions comprises entre Dantzig et la Forêt-Noire, entre l'Oder et le lac de Constance. Et parmi ces soldats figurait un nombre immense de catholiques, fournis par la Silésie, la Prusse polonaise, la Prusse rhénane, les Hesses, la Bavière, le Wurtemberg et le duché de Bade lui-même. Catholiques croyants, catholiques pratiquants jusque sous le drapeau. Pourvus d'aumôniers nombreux, ils en traitaient la dignité sainte avec respect et en utilisaient le ministère avec autant de simplicité que d'empressement. Durant leur séjour au sein de nos villes ou de nos villages, ils assistaient aux offices non-seulement avec l'exactitude militaire, mais avec décence et piété. Ils mêlaient aux offices ces chants harmonieux et populaires que la France s'obstine à ne pas emprunter à l'Allemagne. On les voyait même, par groupes considérables, réciter le rosaire comme l'auraient fait de bonnes femmes, et tandis que l'ensemble de nos armées se distinguait, jusque dans la défaite, par son impiété traditionnelle, eux, même dans le succès, édifiaient par leur religion nos provinces écrasées par leurs réquisitions de guerre. Sur les champs de bataille, ils étaient aussi chrétiens que dans les garnisons. Derrière eux, sur les deux rives du Rhin, leurs mères, leurs épouses, leurs filles, leurs familles entières et tous les catholiques allemands demeurés au foyer, priaient pour ceux des leurs qui se battaient dans nos provinces envahies. Ils priaient dans les monastères ; ils priaient dans les sanctuaires publics ; ils priaient sous le toit domestique, près de la place laissée vide par le soldat absent, et leurs supplications ont dû être d'autant plus puissantes sur le cœur de Dieu, qu'elles partaient d'une foi presque journellement éprouvée par l'intolérance et les vexations du libéralisme et de l'hérésie. Qui oserait dire qu'elles n'ont pas pesé d'un grand poids dans le plateau de la balance où la main divine a jeté pour nos adversaires tant de bonheur et de victoires ? Dans cette lutte de vœux contradictoires, n'aurions-nous pas succombé, la Providence ne nous aurait-elle pas donné le dessous, parce que nous aurions été trouvés moins bons et moins fervents catholiques ? Réponde à cette question celui qui se sent en mesure de la résoudre ?

Quant à la partie protestante de l'armée d'invasion, on peut en répéter ce que saint Augustin disait autrefois des vieux Romains : c'est que la population dont elle est sortie et qu'elle représente a quelques vertus privées et publiques, dont la Providence a peut-être voulu la récompenser par ses succès militaires. En Prusse, on n'impose pas au gouvernement la nécessité et le devoir de l'athéisme. On applique mal la grande idée de la Religion d'Etat ; mais le principe est reconnu. Il est admis que Dieu a quelque droit à un règne public et social, tandis que nous autres, nous le dépouillons fièrement de cette prérogative, et que par cet acte d'effroyable impiété nous prétendons faire un acte de suprême sagesse.

Avec ce mérite le Prussien possède celui de mœurs honnêtes. Il est sobre ; il aime le travail ;

il se plaît et se concentre dans la vie de famille; il respecte la hiérarchie et les dignités dans l'Etat; le mot de patrie, mais surtout de patrie allemande, a gardé pour lui sa vieille et grande signification : il se prête avec une facilité froide mais inébranlable à ses obligations de soldat et de citoyen. Toute cette lumière n'est pas sans un mélange plus ou moins sérieux d'ombre et de fumée. Mais enfin, telles quelles et malgré leur alliage, ces qualités ne manquent pas d'élévation. Parmi nous une foule immense d'hommes, même parmi les opulents et les lettrés, sont descendus au-dessous de ce niveau, grâce aux entraînements d'un rationalisme plus corrupteur que l'hérésie. On l'a vu dans les armées qui sont comme le miroir de la société qu'elles défendent. Par le fait des marches et contremarches commandées par les vicissitudes de la guerre, les Prussiens nous succédaient et nous succédions aux Prussiens en mille endroits divers. A chaque instant s'établissaient entre eux et nous des comparaisons inévitables. Et qu'est-il arrivé très-souvent? Qu'ont attesté cent fois pour une les

Français appelés à faire ce parallèle? C'est que vaincus par les Prussiens du côté des armes, nous étions fréquemment aussi vaincus par eux du côté des mœurs et du gouvernement de la vie. Autant de ces choses dont Dieu tient compte lorsqu'il entre en jugement avec les armées et les peuples, et qui peuvent nous expliquer, dans une certaine proportion, les avantages dont il vient de combler, à notre détriment, les légions dissidentes du Brandebourg et de la Poméranie.

XVI. — *On peut raisonner de l'Allemagne comme Salvien raisonnait des invasions barbares de son temps.*

Il faut bien ajouter une dernière remarque dont le développement remplit, aux siècles des barbares, les discours et les écrits des apologistes de la Providence. Dans le cinquième livre de son bel ouvrage sur le *Gouvernement de Dieu*, Salvien disait autrefois aux catholiques scandalisés : —

— « Vous vous étonnez des triomphes remportés

par les ravageurs de nos provinces, et cela parce qu'ils sont hérétiques ? Mais c'est là peut-être précisément ce qui vous explique et leurs succès et vos malheurs ? — Ils sont hérétiques, mais sans le savoir. La vérité est chez nous, mais ils présument qu'elle est chez eux. C'est dans notre foi que sont la lumière et l'honneur de Dieu ; mais eux considèrent ce qu'ils croient comme le véritable honneur de la Divinité. Au fond ils sont impies, mais ils s'estiment en possession d'une parfaite piété. Ils sont en plein dans l'erreur, mais erreur de bonne foi, qui au lieu de haine pour Dieu, se figure avoir pour lui de l'amour. Ne nous étonnons plus, après cela, poursuit Salvien, des maux nombreux qui nous accablent, parce que nous avons péché, non point par ignorance, mais par rébellion. Nous avons connu le bien, et nous ne l'avons pas pratiqué ; nous avons su discerner ce qui était pervers de ce qui était honnête, et nous avons préféré ce qui était pervers ; nous avons lu la loi dans sa teneur authentique, et nous en avons foulé aux pieds les plus saintes ordonnances ; de sorte que le précieux avantage d'être instruits des préceptes divins, n'a produit d'autre résultat que de nous rendre plus coupables par le mépris que nous avons fait de cette lumière [1]. »

On le voit, le grand écrivain de Marseille plaidait, en quelque manière, les circonstances atténuantes pour les Vandales hérétiques, contre les catholiques africains maltraités par les barbares ; il trouvait pour eux presque un titre à la victoire dans la bonne foi de leur arianisme, tandis que les catholiques avaient mérité cent fois les désastres de l'invasion par le mépris volontaire, obstiné, de la vérité sûrement, infailliblement enseignée par la voix de l'Eglise. Ne peut-on pas

1. Hæretici ergo sunt, sed non scientes... Veritas apud nos est, sed illi apud se esse præsumunt. Honor Dei apud nos est, sed illi hoc arbitrantur honorem divinitatis esse quod credunt... Impii sunt, sed hoc putant veram esse pietatem. Errant ergo, sed bono animo errant ; non odio, sed affectu Dei honorare se Dominum atque amare credentes.

Non ergo miremur quod multis cædimur, quia non inscientia sed rebellione peccamus. Scientes enim bona, non bene agimus, et discretionem recti ac pravi intelligentes prava sectamur ; legem legimus, et legitima calcamus, et ad hoc tantum præceptorum sacrorum scita cognoscimus, ut gravius post interdicta peccemus. — Salvian, *De Gubern. Dei*, lib. V, 2.

en dire autant de la Prusse victorieuse et de la
France écrasée? La Prusse est hérétique, et je me
garderais bien d'assurer que son hérésie est inno-
cente. Mais, enfin, c'est une terre où les ténèbres
des erreurs luthériennes dominent. C'est la religion du gouvernement, celle des grands corps
de l'Etat, celle des écoles et des institutions publiques, celle des classes les plus opulentes, celle
de l'immense majorité des populations aussi bien
dans les villes que dans les campagnes. Les généra-
rations enfantées par cette Eglise adultère nais-
sent dans l'hérésie ; elles grandissent tranquillement dans l'hérésie. Elles ne recueillent aucune
autre tradition de la bouche de leurs maîtres. Et
parce que cette doctrine devient ainsi pour elles
comme un trésor héréditaire, comme un bien de
famille, elle finit par leur être sacrée. Elles ne
voient rien au-delà, parce qu'on ne leur a pas
appris autre chose [1]; et le catholicisme, frappé
d'infériorité dans leur pays, réussit rarement à

- 1. Itaque eis traditio magistrorum suorum, et inveterata
doctrina quasi lex est, quia hoc sciunt tantummodo quod do-
centur. — Salvian., *ut supra*.

susciter dans leur conscience des inquiétudes sérieuses sur la légitimité de leur foi. A travers les ombres épaisses qui les entourent, il ressemble pour elles à l'un de ces feux pâles et lointains que l'œil aperçoit à peine comme des points rougeâtres dans une nuit profonde, et qui ne font apparaître au voyageur, ni le point de l'horizon qu'il se propose d'atteindre, ni les détails et la direction de la route qui doit l'y conduire.

Mais nous n'en sommes pas là. Il n'y avait pas plus de huit cent mille protestants en France avant le démembrement de l'Alsace et de la Lorraine : les statistiques officielles l'ont plusieurs fois constaté. Et qu'est-ce que cela, sinon quelques petits nuages noirs sur un vaste ciel inondé de lumière ? Alors, comme encore aujourd'hui, nous étions en plein soleil du catholicisme. La vérité divine nous enveloppait et continue à nous envelopper de toutes parts. Enseignée par l'Eglise à tous les âges, à toutes les conditions, tous les jours de l'année, sous toutes les formes de développement et de langage, sur tous les points du territoire et jusque dans les hameaux les plus

obscurs, elle nous obsède et fait les plus héroïques efforts pour nous pénétrer jusqu'à la moelle
des os de ses clartés adorables. Elle n'y réussit
pas ; c'est le soleil qui brille sur des aveugles,
mais aveugles volontaires. Si la lumière luit en
vain dans les ténèbres, c'est parce que les
ténèbres ont obstinément refusé de la comprendre et, par là même, elles n'en sont que
plus inexcusables : *Lux in tenebris lucet, et te-
nebræ eam non comprehenderunt*[1]. Moins grossières peut-être que celles de la Prusse, nos
erreurs sont pourtant devant Dieu beaucoup plus
criminelles, par la raison que nous avions mille
fois plus de moyens de les éviter ; la culpabilité
de nos folies s'aggrave de toute l'immensité des
lumières que nous fournissait l'Eglise et que nous
avons méprisées. Il est tout naturel qu'après
avoir ainsi, selon le mot de Salvien, abusé d'une
prérogative plus haute pour nous jeter dans des
fautes plus répréhensibles, après nous être
souillés d'une incrédulité d'autant plus odieuse

---

1. *Joann.*, I, 5.

que nous avions près de nous une religion plus pure pour nous en démontrer la démence et le crime; oui, il est tout naturel que, sous la honte de ces forfaits commis au grand jour de la révélation dédaignée, nous ayons vu Dieu choisir des apostats moins coupables que nous pour nous châtier de notre propre apostasie. Sous l'ancienne alliance il se montrait moins offensé des erreurs des Gentils que de celles de Jérusalem, et rien de plus raisonnable. Les Gentils n'avaient ni Dieu ni prophètes capables de les instruire, tandis que Jérusalem avait constamment des oracles certains pour l'éclairer. Il en est encore ainsi sous la nouvelle alliance. Il a sans doute en horreur l'hérésie de la Prusse; mais notre rationalisme le révolte bien davantage, parce que la Prusse n'a pour l'enseigner que des maîtres de mensonge et que la France est, au contraire, enseignée par la Vérité vivante, c'est-à-dire par l'infaillible voix du Saint-Siége et de l'Eglise.

Ainsi, avant de nous offenser des succès militaires accordés à la Prusse protestante sur une nation catholique, commençons par reconnaître que ce grand et beau nom de *catholique* est maintenant non-seulement égaré, mais déshonoré sur notre front; qu'au lieu d'être généralement porté chez nous par des fils de lumière, il l'est bien plutôt par des enfants de ténèbres ; que dès lors n'étant plus pour nous qu'un instrument d'ingratitude et d'apostasie, il ne fait que rendre nos malheurs faciles à concevoir, bien loin de les rendre inexplicables; et que si dans ces horribles calamités il existe un scandale, on ne doit le chercher ni dans le courroux de Dieu, ni dans l'hérésie du peuple qu'il a choisi pour l'instrument de sa colère, mais dans le rationalisme volontaire et monstrueux par lequel nous avons allumé sa fureur et provoqué ses vengeances.

XVII. — *Résumé de la marche de la Providence dans les châtiments qui nous ont été infligés.*

Voilà donc comment s'est déroulée la chaîne de nos malheurs. La France, comme gouvernement et comme nation, avait commis deux crimes

14.

contre lesquels Dieu a déclaré qu'il serait toujours implacable : la négation de sa souveraineté générale sur les peuples, celle de la royauté de son Christ sur les sociétés humaines qui lui furent toutes données en héritage. Et ces deux forfaits ont dû être d'autant plus irritants pour Lui, que nous nous sommes obstinés à nous en rendre coupables jusque sous les premiers coups des châtiments providentiels qu'ils nous avaient attirés. Premier anneau de la chaîne.

Ainsi provoqué, Dieu s'est montré fidèle à ses menaces. Dans les maux qu'il a déchaînés pour nous punir, il a voulu que son sceau parût avec un éclat impossible à nier ; et pendant près d'une année, nous avons subi tour à tour et des accablements qui partaient évidemment de sa main, et certaines dérisions de fortune qui manifestement n'émanaient que de Lui. Second anneau de la chaîne.

Enfin, dans cette longue succession de désastres, nous n'avons le droit de nous plaindre ni de l'étendue de nos maux, parce que nos fautes sont encore bien au-dessus de nos malheurs, ni de l'instrument dont le Dieu vengeur a fait choix pour nous punir, parce que s'il est vrai que le protestantisme de l'Allemagne ne pouvait être pour elle un mérite et un titre au succès, il est également vrai de dire qu'elle a moins que nous abusé de la grâce et de la lumière. Troisième anneau de la chaîne.

Et maintenant sous le poids de cette infortune suprême, Dieu nous a-t-il laissé quelques restes de consolation et d'espérance?

II

CONSOLATIONS QUE DIEU NOUS A LAISSÉES

XVIII. — *Première consolation : Torts que nos ennemis se sont donnés dans leurs succès. — Indignité d'espionnage.*

On trouve peu de prophéties dictées par la colère divine contre le peuple juif, qui ne se terminent par quelques présages de miséricorde. Dans une page, c'est l'Assyrien qui triomphe, dans l'autre, il est brisé; maintenant Jérusalem succombe, un instant après elle relève la tête. Les livres sacrés sont pleins de ces oppositions sublimes, de ces grandes luttes alternativement victorieuses entre la Justice suprême et la suprême Bonté. Et quand le moment de vérifier la seconde moitié des oracles arrive, que fait

Dieu ? Se souvenant que les vainqueurs de son peuple sont aussi ses propres ennemis, il les laisse se donner des torts jusque dans les succès qu'il leur ménage pour exécuter les arrêts de ses vengeances ; il suit et compte les iniquités par lesquelles ils empoisonnent ces avantages ; et dès qu'elles sont montées au faîte où il les attend, il retourne contre eux cette colère dont ils furent les instruments, et les précipite dans une ruine d'autant plus terrible, qu'au lieu d'être seulement temporaire comme celle de Jérusalem qu'ils ont humiliée, elle doit être irrémédiable et sans espoir.

Cette perspective, toujours ouverte pour les prophètes et la nation sainte au sein de leurs tribulations, les aide à les supporter. Au plus profond de l'exil, sous les chaînes de la captivité la plus pesante, ils en nourrissent leur âme, et plus d'une fois alors, sous forme de prière ou de souhait, ils saluent le futur abaissement de leurs oppresseurs avec l'accent de la plus énergique espérance. — Entendez-en l'écho vigoureux dans la belle conclusion du psaume cent trente-sixième, chanté probablement pour la première fois sur les bords de l'Euphrate :

« Souvenez-vous, Seigneur, de ce que firent les enfants d'Edom, au jour où tomba Jérusalem ! »

« Ils disaient : Anéantissez, anéantissez tout en elle, jusqu'aux fondements eux-mêmes ! »

« Misérable fille de Babylone ! Bienheureux qui te rendra des maux pareils à ceux dont tu nous as accablés ! »

« Bienheureux qui se saisira de tes petits enfants et les brisera contre la pierre [1] ! »

Dieu semble nous avoir autorisés à nous emparer des mêmes espérances contre la Prusse. Il l'a fait triompher de la France avec un éclat inouï. Mais dans l'excès même de fortune dont il l'a comblée pour notre malheur, il a permis qu'elle fît des fautes propres à l'irriter, et c'est là

---

1. Memor esto, Domine, filiorum Edom, in die Jerusalem.
Qui dicunt : Exinanite, exinanite, usque ad fundamentum in ea.
Filia Babylonis misera : beatus qui retribuet tibi retributiōnem tuam, quam retribuisti nobis.
Beatus qui tenebit et allidet parvulos tuos ad petram.
Psalm., CXXXVI, 9, 10, 11, 12.

pour elle comme un premier gage de ruine. La
mémoire de Dieu, à laquelle rien n'échappe, en
gardera souvenir, et quand ces iniquités en auront enfanté d'autres, quand l'ivresse du succès
aura poussé le vainqueur à certaines extrémités
que méditent l'ambition de son patriotisme et
son fanatisme de sectaire, à cette limite le Seigneur abattra le géant qui nous a foulés, et si
nous ne devons pas être les auteurs de sa chute,
il ne serait pas impossible que nous en fussions
les témoins.

Une des premières hontes de la Prusse, c'est
l'indignité de son espionnage. Les espions, je ne
l'ignore pas, sont une des ressources légitimes de
la guerre. Au livre des Nombres il est dit que, par
l'ordre de Dieu, Moïse en fit usage. Il choisit des
hommes appartenant aux diverses tribus, et leur
ordonna de s'en aller, par la frontière du midi,
étudier par avance le pays de Chanaan. Examiner
si le peuple qui l'habite est fort ou faible, nombreux ou non ; si la terre est bonne ou mauvaise,
féconde ou stérile, ombreuse ou sans arbres ; s'il
y a des villes, et si ces villes sont avec des mu-

railles ou sans remparts : telle est la mission que doivent remplir ses explorateurs [1]. Plus tard, presque à la veille de franchir le Jourdain pour s'emparer de la Terre Promise, Josué donne en secret les mêmes instructions à deux vaillants soldats de son armée [2]. Tous les grands capitaines du peuple de Dieu se servent du même procédé pour éclairer leurs entreprises et en assurer le succès. Il en fut de même de tous les temps et chez tous les peuples, aussi bien sous le christianisme que sous l'ancienne loi. Que les Prussiens eussent usé du bénéfice de cette coutume universelle, qu'ils en eussent usé même avec luxe, avec surabondance, pourvu qu'ils fussent restés honnêtes, leur conduite eût été irréprochable. Nous autres, Français, qui marchons étourdiment à la guerre, nous aurions pu nous moquer de leurs excès de précautions. Mais leur prévoyance n'en eût pas été moins sage et moins légitime. Ce qui ne l'est pas, c'est l'ingratitude déloyale avec laquelle ils ont mis au service de l'espionnage, du-

1. *Numer.*, XIII, 1-26.
2. *Jos.*, II, 1, 24.

rant la guerre, les connaissances que leur avait fournies la longue hospitalité que nous leur avions accordée chez nous pendant la paix. Des milliers et des milliers d'entre eux étaient disséminés sur l'ensemble de notre pays et surtout dans nos villes les plus importantes. Strasbourg, Mulhouse, Metz, Lille, Amiens, Rouen, Paris, Lyon, Marseille, Bordeaux, Nantes, ils étaient partout, dans la banque, dans le commerce, dans l'industrie, dans les usines, dans les chemins de fer, dans les professions artistiques, et jusque dans les métiers populaires. Nous les traitions aussi fraternellement que des compatriotes : ils étaient admis à vivre de la même vie que nous. Autant nous leur permettions de s'enrichir de notre substance et de notre argent, autant nous les autorisions à pénétrer dans tous les secrets de nos institutions politiques et militaires. Et les malheureux! au moment où notre confiante générosité leur témoignait tant de bienveillance, ils se préparaient à nous trahir. Rappelés pour la grande lutte qui devait s'ouvrir sur les bords du Rhin, ils se hâtèrent de livrer aux généraux allemands les renseignements recueillis par eux dans celle de nos provinces qu'ils avaient habitée. Le réseau détaillé de nos routes, l'état de nos places, de leurs fortifications, de leurs approvisionnements et de leurs garnisons ; la richesse ou l'indigence de nos ports et de nos arsenaux ; l'effectif réel ou possible de nos armées ; la fortune de nos villes et même de nos villages, la proportion des réquisitions dont on pourrait les frapper, les noms des habitants dont on tirerait la meilleure rançon, en menaçant de les prendre pour otages ; ils ont dévoilé tout cela et mille autres choses encore sans réserve et sans pudeur. A la tête des colonnes ennemies, on a vu ces dénonciateurs les conduisant à la dévastation de cités, des régions et souvent de demeures particulières, où leur féroce ingratitude devait rencontrer encore des bienfaiteurs, des maîtres, des clients et des amis. On assure qu'ils se sont acquittés de cet office avec un cynisme sauvage. N'est-il pas permis de croire que si la France a le droit d'en être révoltée, de son côté la Providence en aura pris acte, et quelque jour en demandera compte à l'admirable honnêteté de nos vainqueurs? Première indignité : celle de l'espionnage. C'est aussi la première de nos con-solations.

XIX. — *Indignités de barbarie.*

Seconde indignité : celle de la barbarie. Avant tout, barbarie de bombardement. D'après les an-ciennes règles de la guerre, on n'en venait au bombardement qu'à la dernière extrémité, à moins que des torts exceptionnels de la part des assiégés n'eussent appelé, dès le début, les as-siégeants à faire usage de rigueurs exception-nelles. On faisait un siége en règle ; on tentait d'arriver aux remparts et d'y ouvrir la brèche par des travaux d'approche plus ou moins habilement conduits ; on essayait de contrarier, de neutrali-ser ou d'éteindre les feux de la place qu'il s'agis-sait d'envahir ou de forcer à se rendre. C'était à la défense que s'adressait l'attaque, et l'on veil-lait, autant que possible et jusqu'à une heure donnée, à ce que l'artillerie concentrât son tir sur les points occupés par la force militaire. Et s'il fallait sortir de ce cercle, si, pour en finir, on se regardait comme autorisé à recourir aux plus formidables moyens, on s'appliquait à limiter le périmètre de leur action, de manière à ce qu'ils fissent le moins de mal possible, soit aux maisons et aux monuments, soit à la population désarmée.

Ces lois d'humanité, respectées généralement jusqu'à nous, ont été violées indignement par les armées allemandes. Elles ont laissé de côté toutes les opérations de siége, pour ouvrir, dès le premier jour, un bombardement impitoyable. C'est ainsi qu'elles ont traité Strasbourg, cette noble cité, jadis reine de notre Alsace libre et française, et maintenant esclave de l'étranger avec la province dont elle était la tête et le cœur. On n'a respecté ni la beauté sainte de sa cathédrale, ni sa bibliothèque, l'une des plus riches d'Europe, ni ses hôpitaux et ses ambulances, malgré le drapeau qui les couvrait, ni ses pensionnats et ses écoles, ni les hôtels opulents, pas plus que les habitations particulières. Presque nulle part, en dehors des caves où de nombreux infortunés se cachaient, on n'était sûr d'échapper aux projectiles écrasants , explosibles et incendiaires que l'ennemi lançait à flots pressés ; et des récits douloureux nous ont appris tout ce que cette grêle de métal et de feu avait fait de victimes et de décombres.

C'est en vain que le vieux et saint évêque de Strasbourg est allé conjurer les assiégeants d'en revenir aux vraies lois de la guerre et de suspendre cette pluie embrasée qui, après avoir tué des femmes, des enfants, des vieillards sans défense, ne tarderait pas à réduire une ville opulente à n'être qu'un monceau de ruines. Se laisser désarmer par Lupus, Aignan et Léon, c'était bon pour l'ancien Attila ; les Attilas modernes ont le cœur plus haut et plus inaccessible à la pitié. Les troupes dont le prélat aborda le quartier général semblaient naturellement devoir l'accueillir avec une respectueuse bienveillance ; elles étaient badoises et commandées par un Badois. Sans aucun doute, avant la guerre, la plupart des hommes dont elles étaient formées avaient échangé avec Strasbourg et l'Alsace de fréquents rapports d'affaires ou d'amitié. On peut même affirmer que, dans ces relations mutuelles, la rive gauche du Rhin s'est montrée plus généreuse et plus hospitalière pour la rive droite, que la rive droite pour la rive gauche. Celle-ci a donné à celle-là plus d'argent et plus de vie qu'elle n'en a reçu. La délicatesse des Badois devenus nos envahisseurs aurait dû s'en souvenir, et lorsque Mgr Rœss, avec la double majesté de son caractère épiscopal et de ses cheveux blancs, est venu solliciter la clémence de leur état-major, il était cent fois juste que sa demande fût exaucée, et que Carlsruhe payàt ainsi ce qu'il devait à Strasbourg et à l'Alsace tout entière. Mais non ; l'évêque eut la douleur de ne rien obtenir ; le bombardement continua, et l'unique consolation donnée à la ville qu'il dévastait, fut le droit accordé à quelques groupes de ses malheureux habitants de se réfugier sur le territoire helvétique.

Phalsbourg, Toul, Verdun, Montmédy, Thionville, furent soumis au même traitement. Point de parallèles, point de brèches, point d'assaut.

Toutes ces places, comme Strasbourg, doivent succomber et succombent sous un déluge de feu. Autant d'atrocités dont Dieu gardera mémoire.

XX. — *Encore l'indignité de barbarie.*

Il en est d'autres plus directes encore contre les personnes. Au moment où la guerre fut déclarée, des corps de francs-tireurs se formèrent en France. Ils avaient pris un signe militaire et distinctif ; placés sous l'autorité du ministre de la guerre, ils entraient dans le cadre général de l'armée et devaient par là même participer aux droits des belligérants. Mais l'Allemagne n'a jamais voulu leur reconnaître ce caractère et ces prérogatives ; au lieu de les considérer comme soldats, elle les a considérés comme des bandes d'assassins, et tous ceux de leurs hommes qu'elle surprenait, étaient inexorablement passés par les armes.

Farouche contre le franc-tireur, elle ne l'était pas moins contre le citoyen qui, menacé, envahi, tâchait de se défendre dans son propre foyer. S'il est une résistance naturelle, légitime, respectable, c'est bien celle-là. Voilà des uhlans qui courent sur toutes les routes, pénètrent dans toutes les agglomérations et, le revolver au poing, la menace à la bouche, frappent des réquisitions non moins arbitraires qu'onéreuses. Voici, peu de temps après, des détachements à pied qui les suivent et renouvellent, parfois en les aggravant, leurs procédés odieux. Il est tout simple qu'à leur approche, la population virile des lieux qu'ils traversent ou qu'ils occupent, s'efforce, les armes à la main, de les écarter ou de les chasser de ses champs ou de ses demeures. C'est le droit de son patriotisme ; c'est même aussi son devoir, et si, dans une inspiration généreuse, elle engage une lutte pour protéger ce qu'elle a de plus cher au monde, qui donc osera lui en faire un crime ? Qui ? La Prusse et l'Allemagne entière avec elle. Tous leurs soldats, même à l'état d'envahisseurs, sont sacrés ; dès qu'ils paraissent, dès qu'ils demandent à loger, à manger, à piller, le Français n'a qu'à se laisser asservir, rançonner et voler en silence. S'il proteste, et surtout s'il dispute l'entrée de son domaine aux Germains qui le réclament, si, par respect et pour son honneur et pour son bien, il tire un coup de feu, malheur à lui! malheur à sa famille! malheur au pays qu'il habite! Ce ne sera pas assez contre lui de la loi du talion, dent pour dent, œil pour œil. Dix pour un, vingt pour deux, telle est la loi de la cruauté prussienne, quand elle se met en campagne!

Une fois installé, le Prussien se montre aussi soupçonneux qu'il se fait exigeant. Partout il aperçoit des traces d'espionnage, de trahison, de conspiration. Un fusil, un pistolet, un sabre, même incapables de servir et découverts sous le toit même le plus inoffensif, ce sont des signes certains d'un guet-apens préparé contre lui; la mort seule peut convenablement punir les auteurs de ce forfait; on la leur inflige sans jugement. C'est ainsi que la barbarie allemande a traité des ecclésiastiques vénérables, malgré leur énergique protestation d'innocence et l'autorité que lui donnait leur caractère sacré.

15.

Que si, après un séjour si vexatoire pour les populations qui l'avaient subi, le vainqueur était, à son départ, l'objet de quelques représailles partielles, isolées, ces manifestations, impossibles à prévenir et bien faciles à comprendre, centuplaient sa fureur. Il revenait sur ses pas, et rendant l'agglomération tout entière responsable des emportements de quelques-uns, il recommençait contre elle ses brutalités et ses déprédations avec un horrible surcroît d'intensité. Nous avons sur tous les points envahis un certain nombre de bourgs et de villes, dont les habitants ruinés et les débris fumants peuvent encore attester ces abominables retours de la vengeance allemande.

Et comment oublier les affreuses applications de l'affreuse loi des otages? Comment ne pas se rappeler la monstrueuse précaution prise de faire monter les notables de nos provinces occupées sur les locomotives des chemins de fer, afin de garantir ainsi la sécurité des Allemands présents dans les convois? Enfin, comment, après des faits pareils, comment tenir pour faux ce qu'on nous a dit de la dureté de la Prusse pour nos blessés sur les champs de bataille et des souffrances auxquelles elle a laissé nos prisonniers en proie, sous son rude climat, pendant les rigueurs exceptionnelles de l'hiver que nous venons de traverser?

Cette absence de respect et de pitié pour la vie du Français, la Prusse n'a pas été seule à en faire étalage. Toutes les nationalités allemandes s'en sont donné l'honneur. La Bavière, par nature, était incontestablement la meilleure ; catholique, elle ne connaissait pas la sécheresse de l'hérésie. Et cependant, par le fait de la consigne militaire, quelles atrocités n'a-t-elle pas commises à Bazeilles? Le général Von der Thann a bien essayé de la justifier par des explications inadmissibles. Trop de témoins et des témoins trop sûrs déposent du fait pour qu'il soit possible d'en douter : ce jour-là, peut-être par l'effet de la victoire et de ses enivrements, la Bavière s'est montrée, dans le carnage et l'incendie, à la hauteur de la Prusse.

Et l'on croirait que Dieu ne redemandera pas ici-bas tant de sang gratuitement versé aux peuples qui, réunis sous un même drapeau, se firent un jeu commun de le répandre? C'est impossible.

XXI. — *Indignité de rapacité dure et hautaine.*

Indignité de barbarie : second tort de l'Allemagne et seconde consolation de la France. — Indignité de rapacité hautaine.

A quoi bon le nier? Après la déclaration de guerre et avant l'ouverture des hostilités, nous avons provoqué la Prusse à la colère par l'insolente expression d'insolentes espérances. Depuis Sedan l'arrogance nous était encore plus défendue qu'auparavant vis-à-vis d'elle, parce qu'elle était victorieuse et que nous étions horriblement vaincus. Garder une certaine virilité dans la défaite, rien de mieux ; mais affecter, envers ceux qui nous avaient battus, une hauteur intraitable, ce n'était pas seulement méconnaître la vraie dignité du malheur qui est la modestie, c'était encore nous exposer à rendre plus lourde la main de l'invasion. Les négociateurs de la paix, improvisés le 4 septembre par la Révolution, ne surent pas le comprendre. Dans leurs premières notes et leurs premières conférences leur inexpérience diplomatique a porté je ne sais quelle fierté soi-disant républicaine, mais qui, absurde d'abord, devait être fatale ensuite, à force d'être altière. Au lieu d'intimider la Prusse et de la rendre plus facile, elle ne pouvait que la blesser et la rendre plus exigeante. C'est ce qui est arrivé ; nous avons été d'autant plus écrasés que nous avions été plus superbes. « Pas un pouce de notre territoire, pas une pierre de nos forteresses », voilà ce que nous avions dit, dans un langage plus inconsidéré que patriotique. Et pour avoir la paix, nous avons dû sacrifier deux provinces, l'Alsace et la Lorraine. Thionville et Metz ont cessé de nous appartenir, et c'est à grand'peine que nous avons pu sauver Belfort. Ainsi sommes-nous cruellement punis d'un orgueil déplacé. Mais en même temps, par manière de consolation pour notre infortune, Dieu permet que la Prusse à son tour dépasse la mesure et, par là-même, se déshonore dans les conditions qu'elle nous impose. Le démembrement de ces deux belles et nobles provinces a été de sa part le signe d'une avidité honteuse, et ne l'a point fait monter dans l'estime de l'Europe. Les cinq milliards qu'elle y a joints mettent pour elle le comble à l'ignominie, surtout en les unissant à ce qu'elle nous avait pris ou détruit pendant la guerre, et à ce qu'elle nous prend encore par le prolongement de l'occupation. Contributions, réquisitions de toute sorte, argent et nature, entretien d'une grande armée sur pied de campagne dans nos départements du Nord et de l'Est, elle a poussé toutes ces oppressions aux plus extrêmes limites ; aucune invasion, faite par un peuple chrétien, n'a présenté le spectacle d'une pareille voracité[1]. Le vainqueur ne s'est pas contenté de terrasser et de fouler sa victime ; on dirait qu'il ait pris une joie sauvage à en dévorer la chair et à tenter d'en boire le sang jusqu'à la dernière goutte. Ce n'est pas ainsi, nous l'espérons bien, qu'il se sera donné des droits aux longues béné-

1. Voir sur tous ces faits le rapport de M. Albert Grévy à l'Assemblée nationale, séance du vendredi 4 août 1871. (*Journal officiel*, numéro du samedi 5.)

dictions du Très-Haut : *Beatus qui retribuet tibi* !

Rapacité hautaine et impitoyable, troisième tort de la Prusse, et troisième consolation de la France.

XXII. — *Indignité d'impiété ouverte ou hypocrite.*

Quatrième indignité de la Prusse : celle de l'impiété.

Parce que le nombre des officiers et des soldats catholiques devait être considérable dans l'armée allemande, parce qu'à ce titre il importait d'obtenir qu'ils entrassent avec élan dans la lutte qui devait s'engager avec la France, parce qu'enfin, pour avoir sérieusement le droit de compter sur leur dévoûment et leur courage, il était à propos de ménager à leur conscience des espérances et des garanties plutôt que des inquiétudes et des périls, la politique prussienne feignit de prendre sous sa tutelle des intérêts chers à leur foi. Il fut dit que le roi compatissait aux infortunes de Pie IX dépossédé de ses États

par le Piémont usurpateur. On laissa même trans-
pirer que, la querelle avec la France vidée, le
cabinet de Berlin songerait à restituer au Saint-
Père son pouvoir temporel momentanément
anéanti. De grands esprits, en Italie, saluèrent
cette perspective avec une certaine confiance.
Au commencement l'Allemagne orthodoxe parut
s'associer à la même impression. Ce n'était pas
que les représentants du Brandebourg, soit à
Florence, soit à Rome, prissent peine à dissimuler
qu'ils jouaient une comédie, au nom de leur
gouvernement; ils mirent au contraire à exécuter
un double rôle une impudence qui semblait
s'étudier à rendre toutes les illusions impossibles.
Mais par je ne sais quelle fascination singu-
lière, on voulut s'obstiner à présumer que Guillaume serait peut-être le nouveau Cyrus d'une
nouvelle captivité. Les événements ne tardèrent
pas à démentir ces pressentiments trop généreux.
Au lendemain de leur première victoire sur les
bords de la Lauter, les sectaires de l'armée germanique profanèrent nos temples et traitèrent
avec une irrévérence frénétique ou moqueuse des

images entourées d'une vénération traditionnelle par l'Alsace catholique. Chaque fois que l'occasion lui en fut offerte, ils essayèrent d'installer dans nos églises leur culte réprouvé. N'ont-ils pas même tenté de forcer les évêques à leur céder leur cathédrale, pour y introduire, par des exercices au moins intermittents, la liturgie de l'erreur? Et quand ils rencontrèrent des Basile et des Ambroise pour s'opposer à l'iniquité de cette prétention sacrilége, les ont-ils toujours traités avec le respect que réclamait pour ces prélats la dignité du pontificat, jointe en eux à celle du caractère?

Leur conduite envers le catholicisme ne s'inspire-t-elle pas après la victoire du même esprit que pendant la lutte? Il est manifeste aujourd'hui que la Prusse, au lieu d'une Allemagne confédérée, veut avoir sous son sceptre d'airain une Allemagne unitaire; elle marche audacieusement à la destruction de toutes les autonomies; il n'est pas jusqu'à la Bavière qu'elle ne travaille à noyer dans son sein comme une goutte d'eau s'engloutit et s'efface dans l'Océan. Et comme le seul obstacle qui s'oppose à l'exécution de ce dessein, ce sont l'Église et la conscience catholiques, elle s'étudie à dissoudre ces éléments rebelles. De là vient qu'elle a fait effort pour diviser l'épiscopat allemand sur la définition de l'*Infaillibilité*. Peine perdue sans doute, mais elle a entrepris de désunir ce grand corps. De là vient qu'elle a poussé les universités à répudier la décision portée par le concile du Vatican. De là vient qu'elle a soutenu des professeurs réfractaires contre la sentence de leurs évêques qui, après des avertissements réitérés, avaient frappé leur chaire d'interdit et leur personne d'excommunication. De là vient qu'au contraire, mais toujours dans le même but et par l'impulsion du même esprit, elle a glorifié la rupture schismatique et la demi-apostasie de Dœllinger et de ses *vieux catholiques*. De là vient qu'après avoir amené à Munich la chute de M. de Bray, elle s'applique à préparer l'avénement d'un successeur qui reprenne et continue avec succès l'odieuse campagne entreprise par le frère du Cardinal Hohenlohe contre les prérogatives du Saint-Siége. De là vient qu'afin d'enlever à la

Bavière le dernier appui capable de la soutenir au milieu des ébranlements qu'elle subit, elle cherche par toutes les perfidies à maintenir M. de Beust à la tête du Cabinet de Vienne. Ce protestant, plutôt prussien qu'il n'est saxon, conduit admirablement les choses au gré de M. de Bismarck, et s'arrange pour que désormais l'Église et le Saint-Siége ne puissent rien attendre de l'Autriche en Allemagne aussi bien qu'en Italie. De là vient enfin qu'agissant comme si déjà l'Église nationale était en train de se faire, la Prusse a détruit à Berlin, dans le ministère des Cultes, la division des intérêts catholiques, et s'est mêlée, par je ne sais quels ministres laïcs travestis en théologiens, de faire des remontrances aux évêques sur des questions de foi. Tout cela et cent autres symptômes qui éclatent à chaque instant, prouve que la Prusse s'inspire des exemples de la Russie, et qu'elle veut soumettre ou plutôt asservir l'Allemagne catholique au sceptre brutal d'une papauté protestante, comme le despotisme moscovite aura bientôt assujetti les derniers lambeaux de la Pologne orthodoxe et romaine au

sceptre non moins odieux d'une papauté schismatique.

Ainsi se vérifie à la lettre une prédiction faite,
il y a cinq ans, par un cardinal illustre, qui connaissait parfaitement l'Allemagne catholique, puisqu'il était Allemand lui-même. C'était le cardinal
de Reisach, mort à la veille de ce Concile du Vatican, à la préparation duquel il avait consacré tant
de soins et où sa présence eût apporté, sans aucun doute, le double bienfait de lumières abondantes et d'une vigoureuse impulsion. En 1866,
il causait avec un catholique soutenant en toute
bonne foi que jamais la Prusse ne persécuterait
le catholicisme. Voici sa réponse :

« Suspendez votre jugement jusqu'à ce que la
« Prusse se soit rendue maîtresse de l'Allemagne
« du Sud. Alors vous ne parlerez plus de la pro-
« tection qu'elle accorde aux catholiques, ni
« même de sa tolérance, ni des lois prussiennes
« favorables à l'Église. Tout cela sera changé
« comme par coup de baguette [1]. » Ce qui

1. *Correspondance de Genève*, 16 août 1871, nº 128.

s'est déjà fait et ce qui s'annonce encore n'a que trop justifié ce présage d'un homme de génie.

Ce n'est certes pas pour favoriser les plans de cette ambition criminelle que le Dieu des batailles a permis à la Prusse de vaincre et d'écraser la France. Qu'elle persiste dans cette voie, qu'elle abuse avec obstination de ses triomphes pour opprimer l'Église et la livrer à des essais de déchirements, elle rencontrera dans la ferme cohésion et l'intrépide résistance de l'épiscopat une première digue à ses usurpations. Et si elle a l'audace impie de passer sur cette barrière et de la fouler aux pieds, Dieu se présentera lui-même à son tour et la brisera, comme il brisa jadis toutes les verges de fer dont il s'était servi pour châtier son peuple, lorsqu'elles eurent oublié de pratiquer la modération dans la victoire. — Dernière espérance laissée à notre infortune du côté de la Prusse : les actes odieux accomplis ou les coupables desseins conçus par son impiété.

XXIII. — *Consolations du côté de la France.* — *Nos revers ne prouvant point la déchéance définitive de notre supériorité militaire.*

Et maintenant du côté de la France, est-ce que tout serait désespéré? Du sein de ce géant si cruellement meurtri par la défaite, ne sortirait-il aujourd'hui qu'une réponse de mort? Non certes, nous n'en sommes pas encore réduits à cette extrémité désolante, et notre ruine est beaucoup moins profonde que ne l'a prétendu l'orgueil du vainqueur, ou la jalousie de certaines nations, rivales éternelles de la France.

Celle de nos vieilles gloires qui a subi la plus rude atteinte est notre supériorité militaire ; à quoi servirait de nier qu'elle a reçu des coups humiliants? Mais quand on y regarde de près, on ne peut dire qu'elle soit anéantie, malgré l'apparent éclat de nos désastres. Et pourquoi? Ce n'est pas la France, avec la plénitude de ses forces, qui s'est engagée dans la lutte. L'imprévoyance de l'Empire nous a jetés sur les bords de la Saar, de la Lauter et du Rhin, de Thionville à Belfort, avec une armée de 280 mille hommes. Qu'était-ce qu'un effectif pareil pour couvrir une ligne de cette étendue? Qu'était-ce, avec un matériel insuffisant, une intendance mal organisée, et sans armées de réserve pour soutenir la première? Qu'était enfin pour représenter une nation guerrière de 38 millions d'hommes et les ressources incalculables dont elle pouvait disposer? L'Allemagne s'avançait contre nous dans de bien autres conditions. Dès l'ouverture de la campagne, elle avait au moins huit cent mille hommes sous le drapeau, bien équipés, bien approvisionnés, bien armés, bien encadrés, bien disciplinés. Elle s'était sérieusement préparée pour ce premier choc qui décide souvent du sort d'une grande guerre, et derrière ces formidables colonnes d'attaque, elle gardait pour le besoin des réserves immenses. Ainsi nous allions l'avoir tout entière sur les bras, tandis que, pour lui barrer le passage, nous ne devions mettre en œuvre que le huitième de nous-mêmes. Son seul poids lui suffisait pour nous écraser ; et de fait nous avons succombé sous la masse et le nombre, comme la chaumière du pâtre s'écroule sous le fardeau de l'avalanche. Mais si l'incurie d'un gouvernement insensé ne nous avait pas livrés et trahis de la sorte, si, au lieu de nous lancer dans la mêlée avec des forces horriblement inférieures à celles de l'ennemi, il avait opposé le nombre au nombre et fait en sorte que le choc s'établît entre des armées à peu près équivalentes, est-il bien sûr qu'alors nous aurions été battus ? C'est une question qui n'est pas résolue même par nos revers. On a terrassé l'ombre de la France ; mais sait-on ce qu'on eût fait de la France elle-même ?

Jugez-en par l'héroïque vigueur de nos résistances successives. A Wœrth et Reischoffen, trente mille Français ont tenu tête pendant plus de quatre heures à cent quarante mille hommes ; par la justesse meurtrière du tir, soit de l'artillerie, soit de la mousqueterie, ils ont abattu pour le moins autant d'hommes qu'ils en ont perdu ; ils ont accompli sous l'œil et le feu de l'ennemi des mouvements audacieux ; et si le corps de

Failly fût arrivé ponctuellement sur le champ de bataille à l'heure marquée par le duc de Magenta, il est presque certain que nos troupes, malgré la supériorité numérique des Allemands, seraient restées maîtresses des positions qu'elles avaient si vaillamment défendues. Que si leur chiffre eût égalé celui de leurs adversaires, qui oserait prétendre qu'elles n'eussent pas franchi du premier bond la Lauter et le Rhin?

Sous les murs de Metz, la disproportion des belligérants, quoique moins considérable, était encore sérieuse, puisque nous étions seulement un contre deux ou trois. Et cependant Bazaine n'a-t-il pas fait sentir au prince Frédéric-Charles que l'épée de la France était encore redoutable, bien que le prince royal l'eût ébréchée la veille? Borny, Gravelotte et Saint-Privat n'ont-ils pas été de grandes journées? Et si le lendemain de ces combats, l'armée de la Moselle n'a pas pris la route de Verdun et de Châlons, n'est-ce pas plutôt par une sorte de fatalité mystérieuse, que par une invincible résistance de la part de l'ennemi?

Paris, à son tour, n'a-t-il pas, en dix-sept jours,

improvisé une admirable défense? Il est vrai que dans ses sorties il n'a pu traverser les lignes prussiennes; mais, de son côté, n'a-t-il pas mis la Prusse, malgré les prodigieux engins dont elle disposait, dans l'impossibilité de le réduire par la force? Et s'il a fini par capituler, n'est-ce pas devant la faim seule et nullement devant les menaces et les sommations de l'assiégeant?

Enfin, sont venues les armées du Nord, de la Loire et de l'Est, armées dont les efforts n'ont pu nous ramener définitivement la victoire, ni arrêter l'invasion. Mais n'est-il pas étonnant qu'elles aient été formées si tôt; que misérablement organisées comme elles l'étaient, presque sans artillerie, sans cavalerie, sans chassepots, sans vivres, sans vêtements, sans chaussures, sans officiers, elles aient pu se battre glorieusement à Coulmiers, à Josnes, à Brou, à Villepion, à Villersexel, à Pont-de-Noyelles et à Bapaume? Et remarquez bien que ceux qui les avaient faites étaient de pitoyables avocats, jouant au ministre de la guerre; hommes incompétents, hommes étrangers aux notions même les plus élémentaires

du métier des armes et de la stratégie, hommes
en qui la présomption et le despotisme, poussés
jusqu'au délire, étaient impuissants à suppléer
au défaut absolu de génie et de connaissances spé-
ciales. Que si, malgré leur insuffisance, ils ont
pu susciter une résistance qui n'a pas été sans
quelque vigueur, que n'aurions-nous pas fait
sous la main d'un habile général? Avec une
intelligente direction, la France eût encore enfanté des prodiges, et la Prusse eût payé bien
plus chèrement l'envahissement de notre territoire.

Non, l'attitude de la France, après ses premières déroutes, n'a été ni sans énergie, ni sans
honneur. Si la situation, par hasard, avait été
renversée, si la Prusse, si bien préparée par ses
chefs, avait au contraire été livrée par eux comme
nous l'avons été nous-mêmes par le gouvernement impérial, si, dès la première collision, son
armée avait été comme la nôtre partagée en trois
ou quatre tronçons incapables de se rejoindre;
si, dépourvue de toutes réserves, soit en hommes,
soit en matériel, elle avait été forcée de faire jail-

lir instantanément du sol des armées nouvelles pour se défendre, croit-on, de bonne foi, qu'elle eût pu faire même ce que nous avons fait? Croit-on qu'avec des régiments improvisés comme les nôtres, elle eût tenu tête cinq mois à nos troupes victorieuses, et qu'elle les eût empêchées de planter leurs aigles sur les palais de Potsdam et de Berlin? Je ne sais si l'on trouverait quelqu'un qui osât le prétendre.

Nos efforts pour soutenir notre honneur militaire ont été d'autant plus remarquables et plus méritoires, que dans le sein même de la France, la révolution travaillait pour la Prusse. Elle nous trahissait à Paris ; elle nous trahissait et nous paralysait en province. Partout les agitations qu'elle provoquait, les inquiétudes qu'elle suscitait, l'inexpérience qu'elle déployait, les actes d'intolérance et de cupidité qu'elle commettait, le chaos universel dans lequel ses administrateurs même les plus intelligents nous plongeaient, tout cela gênait énormément l'élan de la résistance et affaiblissait, à des degrés inégaux mais toujours sérieux, les ressorts qu'elle aurait pu mettre en jeu contre l'ennemi. Et ces merveilles de patriotisme étaient enfantées par l'or de l'Allemagne, secondée dans sa mission corruptrice par les honteuses manœuvres de la franc-maçonnerie et de l'*Internationale*. Faut-il être surpris après cela de l'impuissance de nos dernières armées? Ne faut-il pas plutôt s'étonner de la contenance dont elles ont offert le spectacle, en dépit de tant de causes qui conspiraient à n'en faire qu'une poignée de poussière? Ce n'est pas assez, je le sens bien, pour racheter l'opprobre de nos déroutes et surtout de celle de Sedan. Mais c'est assez pour démontrer que la France n'a point, quelles qu'aient été ses défaillances, perdu le génie militaire qui fut toujours l'une de ses gloires, et que du moment où elle aura le bonheur de retrouver un gouvernement vraiment français, prévoyant et fort, elle fera remonter son drapeau sur les hauteurs d'où l'a fait descendre l'inexcusable démence du second Empire. Ce n'est pas le triomphe récemment remporté par les troupes de Versailles sur la Commune de Paris qui démentira la confiance et le présage de notre patriotisme.

16.

Ainsi nous n'avons pas à gémir sur la ruine désespérée de notre supériorité militaire.

XXIV. — *Ils ne prouvent pas non plus l'abaissement irrémédiable des races et de la civilisation latines au-dessous de la race et de la civilisation germaniques.*

Nous ne devons pas non plus, quoi qu'on en ait dit, considérer nos défaites comme le signe d'un abaissement irremédiable de la race et de la civilisation latines, au profit de la race et de la civilisation germaniques, qui seraient appelées désormais à gouverner le monde et l'avenir.

Ce qu'on nomme *races*, hâtons-nous de le déclarer, est une pure fiction. Aux quatrième et cinquième siècles, ce mot pouvait avoir une signification sérieuse ; il y avait alors des sangs de peuplades et de tribus qui n'étaient pas trop mêlés, et le fleuve retenait à peu près ses eaux telles qu'il les avait puisées à sa source. Mais depuis ces âges lointains, les diverses branches de la famille humaine ne se sont-elles pas tellement croisées, entrelacées, greffées les unes sur les autres, qu'on ne sait plus où prendre leur type primordial? Où est maintenant la race latine? En Italie? Mais comment la découvrir sous le sang étranger que les Huns, les Hérules, les Gaulois, les Lombards, les Germains, les Normands, les Arabes, les Espagnols et les Français ont laissé dans ses veines? Et ceux surtout qui, marchant à sa tête, la conduisent par la voie du brigandage à la consommation de l'unité, ces princes de la maison de Savoie, ces fiers Piémontais qui les suivent, qu'ont-ils de commun, je le demande, avec les vrais Italiens du passé, avec les vieux habitants de l'antique Latium? S'il faut les appeler une *race*, est-ce autre chose qu'une race de serpents?

Et pour nous aussi, Français, qui jamais eût soupçonné que nous fussions de race latine? Nous sommes avant tout Francs et fils des Francs qui n'étaient point venus de par-delà les Alpes. Lorsque, après avoir franchi le Rhin, nos aïeux se jetèrent et s'établirent sur les Gaules, y apportèrentils du sang propre et barbare ou du sang romain? Et quand cette grande tige se développa, ne multiplia-t-elle pas ses rameaux et ses rejetons par la vertu de sa séve? Si plus tard elle admit dans ses canaux une séve d'emprunt, la nationalité gauloise, avec les mille nuances de races et d'Etats enveloppés dans ce mot, n'en fournit-elle point la plus abondante part? A quelle proportion revint celle que lui prêta la colonisation romaine? Et depuis ces temps éloignés, la fortune de la France n'a-t-elle pas été de devenir le rendez-vous universel des peuples? Est-il une seule race du nord et du midi, du levant et du couchant, qui ne soit plus ou moins largement représentée dans son sein? Et ces tribus étrangères n'ont-elles pas été comme autant d'affluents qui sont venus se jeter, pour en modifier la nature, dans le courant général du sang français? Et comment dire après cela qu'au fond de ce vaste mélange, la nuance qui domine et nous caractérise, est celle du sang latin?

Il n'y a pas plus de race germanique en Allemagne, qu'il n'y a de race latine en France. La

Poméranie et la Souabe, le Hanovre et la Silésie, la Pologne et la Bavière, la Westphalie et le Palatinat ne contiennent-ils que des populations issues de la même souche? Ces Etats eux-mêmes n'ont-ils pas vu des étrangers se mêler à leurs habitants indigènes, à travers les déplacements, les collisions et les invasions diverses dont ils ont été le théâtre à différentes dates de l'histoire? Comme nous aussi, ne tiennent-ils pas par plus d'un lien à la race latine? Enfin comme nous-mêmes nous avons une certaine mesure de sang germain dans nos artères, n'ont-ils pas également dans les leurs une certaine quantité de sang français? Eh! sans doute : ces groupes de race latine et ces groupes de race germanique ne sont que de poétiques chimères. En s'appuyant sur les langues, on peut à la rigueur établir cette classification. Nous, avec quelques autres peuples qui nous entourent, nous parlons des idiomes éclos de la langue latine; il existe entre eux des différences profondes, mais on sent, au-dessous de leurs divergences, que la racine est commune. De leur côté, les Etats compris aujourd'hui dans la confédération du Nord parlent tous, à quelques dialectes près, la vieille langue germanique. A ce point de vue, nous formons avec eux deux familles véritablement distinctes et qu'on peut justement surnommer : famille latine et famille germanique. Mais ces affinités de langues ne supposent et n'appellent aucunement des unités de race qui leur correspondent. Il est au contraire démontré que les populations de la France et de l'Allemagne ne sont que d'innombrables couches d'alluvions, entremêlées ou superposées l'une à l'autre par le mouvement tumultueux des siècles.

Ainsi qu'on ne représente pas notre dernière guerre comme une collision de *races;* ce terme scientifique n'exprime qu'une chose imaginaire. Nous n'avons eu dans cette grande mêlée qu'une lutte de *peuples,* ce qui est bien différent d'une lutte de *races.*

XXV. — *Même sujet.*

Quand d'ailleurs le choc se fût produit entre deux races véritablement distinctes, de quel droit prétendrait-on que c'en est fait de la prépondérance des races latines, et que désormais les races germaniques vont dominer le monde? Il fut des époques où cette race germanique était bien plus puissante qu'elle ne l'est aujourd'hui. Jadis sa domination n'avait-elle pas franchi les Alpes, et l'aigle du Septentrion ne menaçait-elle pas d'étouffer à jamais l'Italie dans ses serres? Ne régna-t-elle pas également en souveraine par delà les Pyrénées? Et n'est-ce pas elle qui, maîtresse des Espagnes, pouvait dire alors que le soleil ne se couchait pas pour ses États? Nous-mêmes en France ne l'avons-nous pas vue cent fois envahir notre territoire par divers points de nos frontières, et menacer de nous emprisonner dans un cadre insuffisant pour les battements de notre pouls et pour la grandeur providentielle de nos destinées? Il semblait bien alors que les soi-disant races latines étaient toutes écrasées sous le poids et le despotisme de la race germanique. Et cependant elles se sont glorieusement relevées; et l'Espagne est redevenue l'Espagne; l'Italie a repris possession d'elle-même; la France a dilaté le cercle de ses domaines, conquis sur le Rhin, la Moselle, la Saar et la Meuse, des provinces qui ne lui appartenaient pas, et forcé la race germanique à se refouler sous le ciel brumeux du Nord.

Nous ne comprenons pas pourquoi les races latines, moins affaiblies et moins courbées aujourd'hui, ne redresseraient pas encore la tête comme elles le firent alors; elles ont pour y parvenir une situation mille fois plus avantageuse qu'au moment de leurs anciennes humiliations. D'abord ce n'est pas le faisceau tout entier des nationalités latines qui vient d'être vaincu; il n'y a que la France qui, dans la lutte, n'a pas eu plus d'alliés au côté du midi qu'elle n'en a eu du côté du nord. Si ce groupe, maintenant désagrégé, venait à se réunir encore, dans des conditions que pussent accepter la conscience et l'honneur, est-il démontré qu'il serait incapable d'infliger de nouvelles défaites, dignes des anciennes, à l'orgueil de la race germanique? Et la France, ce grand blessé de la dernière invasion, elle que la Prusse a foulée de son pied brutal comme le brigand meurtrit et défigure le visage du malheureux qu'il a frappé dans la forêt, la France est-elle désespérée, malgré l'horreur de ses désastres? Est-elle épuisée d'argent, d'hommes, d'intelligence et de courage? Ne sent-on pas qu'elle porte dans son sein, même labouré par les grandes cicatrices de Wœrth, de Metz et de Sedan, des ressources encore inépuisables? Et celui-là ne serait-il pas étrange qui oserait affirmer qu'elle sera désormais et pour toujours impuissante à se venger de son vainqueur?

Non, nos revers ne doivent pas être attribués à l'épuisement de notre race; on n'en peut rien conclure de décisif contre nous pour l'avenir. Quand de 1802 et 1807, jusqu'en 1812 et 1813, nous étions maîtres de toute l'Europe septen-

trionale, quand les possessions de la France
s'étendaient de Vienne à Dantzig, et de Mayence à
Varsovie et Moscou, quand les races germanique, saxonne et slave, comprises dans ces différentes régions, étaient avec terreur tributaires du
grand capitaine qui tenait pour ainsi dire l'univers
à ses pieds , l'Allemagne , même au sein de cet
horizon sans issue, n'aurait pas souffert qu'on
proclamât l'abaissement définitif des races du
Nord sous le joug des races latines. Nous ne
pouvons pas permettre davantage qu'on représente nos désastres comme la substitution désormais irrévocable de la suprématie du Nord à celle
du Midi. La revanche d'Ulm, d'Iéna, d'Auerstaed,
de Dresde, de Lutzen, de Bautzen et de Hanau a
sans doute été terrible ; mais après tout, elle ne
nous a pas fait une situation plus critique et
plus voisine de l'anéantissement que celle à
laquelle nous tînmes l'Allemagne réduite sous le
premier Empire. L'Allemagne a vengé ses
affronts, soixante ou soixante et dix ans après
les avoir subis. Nous vengerons aussi les nôtres
au moment opportun. Ce n'est là pour nous

qu'une de ces mille vicissitudes contradictoires qui se produisent dans la vie des grands peuples, et qui, après les avoir jetés du faîte des flots dans le fond des abîmes, les reportent souvent à des hauteurs pour le moins égales à celles d'où la mauvaise fortune les avait précipités. Attendons avec patience; à l'école du revers, il faut l'espérer, nos gouvernements auront appris à prévoir; nos armées, à se retremper dans la discipline et la grande tactique; nos populations, à raffermir le ressort, à ranimer l'élan de l'esprit national. Dieu lui-même nous sera devenu plus propice, et alors il ne sera nullement impossible que le Rhin recommence à couler sous nos lois, et que notre drapeau s'en aille déployer, une fois de plus, ses plis victorieux sur les bords de l'Oder, de la Sprée et de la Vistule.

Qu'il ne soit donc plus question, quand on parle de nos dernières défaites, de l'abaissement irréparable des races latines, soit parce que ces races latines sont une invention poétique, soit parce que, fussent-elles une réalité, elles ne sont point

aussi épuisées qu'on le suppose par les victoires
et les exactions de l'Allemagne.

XXVI. — *Même sujet.*

On ne doit pas plus parler de civilisation qu'on
ne doit parler de races.

Nous avons eu le dessous, c'est vrai, dans le
duel gigantesque du Nord avec la France. Mais
ne serait-il pas ridicule d'affirmer que c'est la
faute de notre civilisation? Tous nos échecs sont
venus de l'infériorité momentanée de nos armées
et de ceux qui les commandaient. Mais cette
infériorité elle-même, au lieu d'être le fruit naturel, la conséquence logique, le témoignage certain
d'une déchéance générale de notre civilisation,
n'est-elle pas l'œuvre d'un gouvernement insensé
qui n'a pas su tirer parti des éléments immenses
qu'il avait sous la main? S'il n'a mis en ligne que
deux cent mille hommes, n'est-ce pas sa faute?
Ne pouvait-il pas aisément en avoir quatorze cent
mille? Si nous n'avons pas eu d'artillerie, le tort

n'en est-il pas tout entier à son incurie criminelle? Qui l'empêchait d'avoir des canons sur le modèle de ceux de la Prusse et d'en réunir, avant de marcher sur le Rhin, un nombre supérieur à celui des bouches à feu dont devait disposer l'Allemagne? N'est-ce pas une folle et vaniteuse étourderie qui lui a persuadé qu'il pouvait vaincre sans cette précaution? Un seul acte de sa volonté n'aurait-il pas suffi pour lui donner une force décuple de celle de l'ennemi? Et s'il l'a négligé, la responsabilité n'en remonte-t-elle pas uniquement à son délire et non point à la déchéance de notre civilisation?

Mais soyons larges dans la concession ; admettons que, par la faute du gouvernement et aussi par la nôtre, la force militaire, cet élément notable de notre civilisation française, ait réellement dégénéré ; supposons que l'instruction, la tactique, la discipline, tout se soit abaissé soit du côté des chefs, soit du côté des soldats ; tout cela, prenons-le pour un fait certain, quoique ce soit un fait partiellement au moins contestable. Le mal, de grâce, serait-il sans remède? Ce ressort est détendu , mais est-il incapable de se bander de nouveau ? Dès que la France le voudra, dès que son gouvernement y veillera, cette ombre, jetée sur un coin jadis glorieux de sa civilisation, ne disparaîtra-t-elle pas facilement pour céder la place au réveil de son antique lumière?

Et puis l'armée n'est pas la civilisation tout entière. Ce mot désigne et représente l'état général d'un peuple avec ses incorrections et ses gloires. Eh bien ! la question militaire mise pour un moment de côté, la France ne peut-elle pas, pour tout le reste, affronter sans déshonneur le parallèle avec l'Allemagne? Quel est le point sur lequel nous lui sommes véritablement inférieurs? Est-ce la beauté de la langue? Est-ce la littérature? Est-ce le culte et la pratique des arts? Est-ce l'agriculture? Est-ce le commerce? Est-ce l'industrie? Est-ce la répartition de la fortune dans l'ensemble de la nation? Est-ce l'élégance ou la majesté des grandes villes? Est-ce la douceur et l'aménité des manières et des mœurs? Est-ce enfin la sagesse des doctrines en religion, en philosophie, en politique, en économie sociale?

N'est-il pas au contraire démontré que, sur chacune de ces choses, nous sommes allés chercher au-delà du Rhin les erreurs qui, parmi nous, ont porté les coups les plus funestes à la raison publique, à l'Église et à la société? Et, à l'heure qu'il est, n'est-ce pas encore cette fière civilisation germanique qui sert de centre et de foyer à cette association dite l'*Internationale*, dont les projets sataniques, le vaste réseau, l'effrayante organisation constituent le péril le plus formidable du présent et de l'avenir?

Ou bien je me fais l'illusion la plus grossière, ou bien sous ces différents aspects, dans ce qu'ils ont de plus sain, de plus honorable, de plus élevé, la comparaison ne saurait être pour nous trop humiliante. Un grand et solennel concours, depuis quelques années, s'est ouvert et répété plusieurs fois entre les diverses civilisations du globe: ce sont les expositions universelles. La Russie, la Prusse, la Bavière, l'Autriche, l'Angleterre, la France y sont entrées en lutte, représentées chacune par les œuvres choisies de leur intelligence, et les gages les plus éclatants de leurs progrès accomplis. Nous n'avons jamais ouï dire que, dans ce combat pacifique, la France n'ait cueilli que les palmes les moins brillantes. Faible dans quelques branches, elle a figuré en souveraine dans d'autres. Tout pesé, tout balancé, le jugement du monde n'a presque jamais manqué de lui décerner l'honneur d'une certaine suprématie ; et je ne sache pas qu'à la suite de Sedan l'estime générale ait cru devoir rétracter ce verdict glorieux.

XXVII. — *Nos revers n'annoncent pas non plus la fin de notre influence sur le monde.*

Voilà pour l'abaissement irrévocable des peuples de race et de civilisation latines : il n'est nullement la conséquence logique et certaine de nos derniers désastres. Ces revers n'ont pas davantage marqué la fin de notre influence sur le monde.

Que la Prusse, devenue l'empire d'Allemagne, exerce dans l'avenir l'influence de la force brutale, à la façon de la Russie et de la Grande-Bretagne dans le présent, à la manière de Babylone et de Rome dans le passé, c'est possible ; c'est même vraisemblable, au moins pour un certain temps. Mais exercera-t-elle une influence de sympathie ? Non, malgré tous ses succès diplomatiques et ses agrandissements matériels, elle ne pourra jamais y réussir. Par une raison très-simple : c'est qu'elle aura plus que jamais le caractère des civilisations écloses de l'hérésie, et que ce genre de civilisation égoïste, ambitieux, dévorant, déloyal et sans entrailles, n'acquiert des titres qu'à la haine des hommes et aux réprobations de l'histoire. Déjà tous ces traits ont paru dans la Prusse victorieuse ; plus elle s'étendra, plus elle s'affermira, plus ils s'aggraveront eux-mêmes. Sa rapacité que n'a pu rassasier l'absorption des petits Etats, finira probablement par engloutir la Bavière et la Hollande, sans compter le Schleswig et le Danemark. On a vu ce que sa fourberie et sa barbarie savaient faire, soit dans la question romaiue, soit dans la campagne de France. Si l'unité germanique se consomme, elles éclateront bientôt avec un surcroît d'intensité contre l'Eglise ; nous ne tarderons pas à apprendre qu'il existe une Irlande martyre en Allemagne, comme il en existe une en Angleterre, comme il en existe une autre en Pologne. C'est ainsi quand l'ambition s'inspire de l'esprit d'erreur, qu'on dilate ses domaines et qu'on accroît sa puissance ; mais ce n'est pas ainsi qu'on parvient à conquérir une honnête et glorieuse popularité dans la grande famille des nations.

La France sera plus heureuse, même après ses désastres, à moins, ce qui n'est pas vraisemblable, que Dieu ne l'ait abandonnée sans espoir. Certes, on est bien contraint d'avouer que le rationalisme de ses gouvernements et de ses lettrés a flétri quelques-uns des grands côtés de son caractère national. Elle a vu, grâce à ce poison meurtrier, baisser le prestige et diminuer l'attraction dont elle jouissait autrefois sous ses vieilles dynasties. Mais n'importe ; la sève catholique dont elle reste imprégnée jusque dans la moëlle des os, maintient en elle je ne sais quel charme dont les peuples continueront, je ne crains pas de l'affirmer, à subir le sympathique ascendant. C'est un lustre d'attachante et chevaleresque gé- nérosité. Générosité dont l'impression tient son âme perpétuellement ouverte à toutes les doc- trines et même à toutes les erreurs qui se pré- sentent, à tort ou à raison, comme devant con- courir au bien et au progrès des nations et de l'humanité. Générosité dont le dévouement s'é- lance toujours au premier signal, quand elle peut, pour soutenir les nobles et saintes causes de la vérité, de la justice et de la faiblesse opprimées. Générosité qui, si elle n'est pas toujours assez riche pour payer sa gloire, est du moins presque toujours assez désintéressée pour ne pas faire payer ses services. Générosité qui fait que la France, et la France seule, se consacre à propa- ger la civilisation parmi les peuples qui ne l'ont pas encore connue, ou parmi ceux qui l'ont plus ou moins désertée pour redevenir plus ou moins barbares.

A cet instinct de générosité s'unit un fond d'in- destructible loyauté. Sans doute, depuis que l'athéisme s'est emparé parmi nous du pouvoir et préside aux opérations de la politique, le génie de Machiavel a pénétré dans notre diplomatie jusqu'à une certaine profondeur ; sous l'un et l'autre Empire surtout, on a pu dire que ce qui était le plus perdu parmi nous, c'était le sentiment de la droiture et de l'honneur ; on était parfaitement admis alors à ne compter ni sur la parole, ni sur la signature de la France. Mais heureusement la France ne s'identifiait pas à ceux qui la gouvernaient. Leur scepticisme n'a pu complétement éteindre en elle le souffle de l'Église qui fut sa mère. Alimenté par l'action toujours renaissante et toujours efficace de l'épiscopat, du clergé, des ordres religieux et de tant d'institutions saintes dont notre pays reste encore en possession malgré le malheur des temps, ce souffle sacré nous anime encore avec assez de puissance pour que nous ayons gardé le germe au moins, si ce n'est pas la plénitude, des nobles instincts qui firent l'honneur et la popularité de nos aïeux. Qu'un pouvoir chrétien nous soit donné et s'en empare, qu'il fasse rentrer dans notre politique la probité, la grandeur, l'esprit de solidarité pour toutes les grandes causes en péril, et bientôt, comme jadis, d'un bout à l'autre de l'univers, les peuples opprimés et souffrants, des rives de la Vistule au torrent de Cédron, des Balkans jusqu'à l'Hymalahia, tourneront vers notre patrie des regards pleins de prière et d'espérance. Même avec un gouvernement dégénéré, nous demeurerons encore, soutenus par le catholicisme, fidèles à des traditions d'honneur et d'humanité que ne connaîtront jamais les nations dissidentes. Quoique déchus de nous-mêmes, nous les dominerons encore. On pourra se taire devant elles comme autrefois la terre devant Alexandre, jusqu'à ce qu'on succombe asservi, sous le joug de leur envahissant et barbare despotisme. Mais jamais leur âme, desséchée par l'erreur, n'aura la puissance communicative de celle de la France, et si elles doivent avoir plus de pesanteur pour écraser le monde, la France continuera d'avoir plus d'électricité dans son cœur, ses idées et sa parole pour le passionner et le faire tressaillir. Tant que la Russie, l'Angleterre et tous les Etats hérétiques et schismatiques, sans en excepter les Etats-Unis, resteront ce qu'ils sont, il n'est pas à craindre qu'ils nous détrônent dans l'affection des peuples. Ils inspireront peut-être cette admiration mêlée d'envie et de terreur, qu'on éprouve pour toutes les sociétés colossales; des sympathies, jamais, parce que l'égoïsme, et un égoïsme immense comme leur étendue, les en rend indignes. La Prusse, animée du même esprit qu'eux, partagera leur impopularité, après avoir partagé leurs odieuses convoitises; et nous serons vengés par là des humiliations et des rapines qu'elle nous a fait subir.

C'est ainsi que, Français, nous pouvons, sans trop de présomption, nous permettre d'espérer que nos dernières calamités n'auront détruit sans retour, ni notre supériorité militaire, ni la suprématie de ce qu'on appelle les races et la civilisation latines, ni le sympathique ascendant de notre patrie dans le monde; consolation qui n'est pas sans intérêt.

XXVIII. — *Autres consolations.* — *Nos malheurs ont fait ressortir la haute prévoyance de l'Église.*

Catholiques, nous trouvons aussi quelques consolations mêlées à nos tristesses.

Deux grands malheurs ont frappé notre patrie : l'invasion de l'étranger, les horreurs de la Commune, préparées par les agitations et les hontes générales de la démagogie. Ces fléaux ont désolé sans mesure notre cœur de français, non-seulement à cause des désastres qu'ils nous ont causés, mais surtout à cause de l'opprobre dont ils nous ont couverts à la face du monde. Catholiques au contraire, nous y trouvons une raison de nous attacher à l'Église avec un surcroît de confiance et d'amour. Et pourquoi ? Parce qu'ils ont rendu solennellement témoignage à son esprit de prévoyance et de conduite. Les coups de la vengeance divine, ces coups terribles et sans exemple dont les Prussiens ont été les instruments, ne les avait-elle pas annoncés, en s'appuyant sur les

Écritures ? A d'autres Sédécias n'avait-elle pas prédit d'autres Nabuchodonosors ? Les monstrueux projets de l'*Internationale*, les sanglants essais d'exécution qu'elle en a faits à Paris, les attentats de toute nature commis sur tous les points de la France par les proconsuls, les stipendiés et les pillards de la révolution, l'Église ne les avait-elle pas signalés pendant près de vingt ans, comme la conséquence inévitable des clubs qu'on avait ouverts, des grèves qu'on avait autorisées, des abominables licences qu'on avait laissées à la presse, sous la seule réserve qu'elle n'en usât que contre l'Église et contre Dieu, jamais contre César et les soi-disant principes de 89 ? On s'est moqué de notre philosophie et de nos présages ; on a mis une sorte d'extravagante affectation à jeter le pays d'autant plus profondément dans toutes ces dépravations, que nous dénoncions avec plus de force l'abîme vers lequel elles entraînaient le gouvernement et la société. Mais l'entêtement avec lequel on a méprisé notre voix ne l'a pas convaincue d'erreur ; les catastrophes entrevues et prédites ont éclaté pour lui donner raison. Une fois de plus, nous avons pu constater, au prix des plus douloureuses infortunes, qu'on ne dédaigne jamais impunément les menaces et la haute expérience de l'Église, et que nous nous serions épargné l'effroyable situation sous le joug de laquelle nous sommes courbés, si nous avions eu la sagesse d'accueillir avec une docilité respectueuse la direction de ses conseils et le cri de ses alarmes. Que cette leçon ne soit pas perdue; nous devons nous rattacher d'autant plus étroitement à l'Église, cette grande colonne de feu chargée de guider Israël à travers les déserts du temps, que l'impuissance des hommes à le bien conduire sans elle vient de se manifester avec une plus sinistre évidence. Et c'est ainsi que les tristesses de notre patriotisme devenant un encouragement pour notre foi, notre foi devient à son tour une ressource pour notre patriotisme.

XXIX. — *Son influence aussi noble que salutaire sur la civilisation.*

Autre enseignement source d'une autre consolation. De même que nos malheurs rendent témoignage à la prévoyance de l'Église, de même ils déposent en faveur de son influence civilisatrice. Les derniers événements ont mis trois civilisations en présence l'une de l'autre : la civilisation de l'hérésie, la civilisation du rationalisme, la civilisation de l'Église qui n'est guère plus, hélas ! qu'un souvenir, mais pourtant un souvenir encore rappelé par de nobles choses. Et quel est le caractère de la civilisation hérétique ? Une ambition sans bornes, une voracité sans pitié comme sans frein, une déloyauté prête à toutes les infamies pour satisfaire l'ardeur de ses insatiables convoitises. N'est-ce pas la gloire que l'Angleterre s'est donnée en Amérique, dans les Indes, en Océanie, partout où s'est étendue sa colossale domination ? Elle s'est emparée partout du sol et de ses richesses ; et les indigènes qui les possédaient avant elle, qu'en a-t-elle fait ? Asservis, chassés ou anéantis, n'est-ce pas entre ces trois termes qu'elle les a forcés de choisir ? Où sont ceux qu'elle a transfigurés ? Où sont même les simples rudiments de civilisation qu'elle a créés dans le monde ? — Les États-Unis, la Hollande et la Russie schismatique n'ont-ils pas suivi l'exemple de la Grande-Bretagne ? Et la Prusse, à son tour, dès son berceau n'a-t-elle pas débuté par le vol des propriétés ecclésiastiques ? Ses Brandebourg n'ont-ils pas puisé là le commencement de leur grandeur ? Après Sadowa n'a-t-elle pas entrepris d'engloutir les petits États du nord et du centre de l'Allemagne ? Ne s'est-elle pas récemment encore prévalue de sa campagne de France pour absorber les États du sud ? Chez nous elle a fait sa proie de l'Alsace et de la Lorraine, et que savons-nous ce qu'elle médite encore ? Elle est ainsi déjà très-digne de personnifier la civilisation de l'hérésie ; quand, à cette avidité gigantesque elle aura joint la persécution du catholicisme, ce qui ne tardera pas si Dieu n'y met obstacle, alors ce sera la civilisation dissidente dans toute sa beauté. Nous avons vu l'aurore de ce jour glorieux ; encore quelques succès militaires ou diplomatiques, et nous verrons bientôt son midi nous apparaître.

Quant au rationalisme, une fois de plus nous avons pu juger de la manière dont il entend la civilisation. On ne sait pas précisément ce qu'il veut y introduire, mais on sait très-bien ce qu'il veut en éliminer. Il a horreur de Dieu, réalité ou hypothèse. Il a encore plus horreur de l'Église et de ses institutions. Il a horreur de la société telle qu'elle existe. Il a horreur de toute autorité comme de toute obéissance régulière, raisonnable et légitime. Il a horreur de la propriété telle que les siècles l'ont faite. Il a horreur des sciences, des lettres et des arts. Il a horreur de l'homme surtout quand il est honnête. Enfin, il a horreur du sens commun qu'il sacrifie perpétuellement à la fureur de l'utopie. Ce qu'il ferait de la civilisation dépouillée de ces huit éléments, si jamais il était maître absolu du monde, les attentats exécrables de la Commune de Paris, préparés, commentés, glorifiés par les programmes et les éloges de la presse révolutionnaire, nous l'ont fait pressentir. Ce serait 92 et 93 en permanence.

Est-ce que l'Église enfante de pareilles civilisations ? Celles-ci plutôt n'ont-elles pas été créées par l'hérésie d'une part, de l'autre par le rationalisme, pour faire descendre les nations des hauteurs où le catholicisme les avait portées ? Non, jamais il n'entra dans le génie de la politique inspirée par l'Église de déchaîner et d'encourager la convoitise des États ambitieux. Elle les brisa dans le polythéisme, et ce ne fut pas pour les constituer dans d'autres siècles. Ces conquérants insatiables qui ne sont jamais contents de ce qu'ils ont eu par héritage ou de ce qu'ils ont déjà volé, ces Empires dont les entrailles sans fond appellent sans cesse de nouveaux États à dévorer pour calmer l'implacable faim qui les torture, tous ces géants qui s'en vont broyant sous leurs pieds d'airain les droits de la liberté des faibles et des petits, et puis se glorifient de ces barbares triomphes, assez semblables à ceux de l'éléphant dont la masse informe écrase les insectes timides et les

plantes délicates au milieu des forêts, ces monstres au cœur d'acier ne furent et ne seront en
aucun temps notre ouvrage. De même que les
étoiles diffèrent entre elles de clarté, suivant le
mot de l'apôtre saint Paul, de même que celle qui
est moins brillante n'est pas jalouse de celle qui
l'est plus, et que celle qui est plus radieuse ne
cherche pas à faire pâlir et disparaître celle qui
l'est moins, ainsi avons-nous pensé que, dans la
civilisation générale, la coexistence paisible
d'États inégaux avait aussi son intérêt et sa
beauté. Nous nous sommes étudiés à former ces
astres de divers grandeurs ; et tant qu'ils ont
accepté notre influence, il se sont traités mutuel-
lement avec respect. Les petits ont regardé les
grands sans envie ; les grands à leur tour ont su
découvrir et vénérer sur le front des petits une
secrète majesté qu'ils tenaient du droit et de
leur petitesse même ; l'ambition de la force s'est
brisée contre leurs frontières défendues par
l'Église et la conscience. Noble spectacle dont la
France catholique a fait admirer un débris au
monde jusque dans les abaissements égoïstes où

l'ont plongée ses derniers gouvernements! Quand naguère nous avons pris possession de Nice et de la Savoie, le pays n'a-t-il pas frémi dans la crainte que cette acquisition ne fût le salaire de Judas et le prix du sang innocent? Il n'est pas encore entré dans ses instincts de transformer un service en calcul et de déguiser une ambition de conquête sous le voile d'un acte de sympathie. La France a eu la folie coupable de créer à ses portes de grandes unités qui n'existaient pas, et qui seront désormais pour elle un péril, en attendant qu'elles soient un malheur. La faute accomplie, elle a compris tout ce qu'elle y avait porté d'imprévoyance. Mais, en la commettant, elle avait aveuglément suivi cette abnégation généreuse qu'elle tient du tempérament que lui a fait le baptême. En faisant les affaires des autres, elle a dédaigné de faire les siennes. Sa main victorieuse ou complice a jeté plus d'une proie dans la gueule de certains monstres dont elle favorisait les convoitises. Mais les iniquités auxquelles elle coopérait ne l'ont point engraissée elle-même; le souffle desséchant de l'incrédulité n'a pu, malgré

tous ses efforts, la faire descendre jusqu'à ce
degré d'abjection.

XXX. — *Son action généreuse sur le patriotisme.*

L'Église, pendant nos malheurs, a fait autant
pour le patriotisme que pour la civilisation. Les
élèves de ses séminaires et les novices de ses
Ordres religieux ont volé sous les drapeaux pour
combattre l'étranger. Son souffle a mis au cœur
des volontaires de l'Ouest une vaillance à la fois
si impétueuse et si disciplinée, si brillante et si
ferme, que l'admiration générale, en les voyant,
a proclamé les Zouaves pontificaux, c'est-à-dire
les soldats du Pape, les plus héroïques soldats de
l'armée française. Nos religieuses sont allées se
dévouer et souvent périr dans les ambulances.
Si le gouvernement l'avait permis, des milliers
de prêtres auraient suivi nos armées sur les
champs de bataille, afin de panser, de consoler
et d'absoudre les victimes innombrables frappées
par le fer et le feu de l'ennemi. On a vu ceux

qui se sont exposés; on n'a pas vu ceux, bien plus nombreux encore, qui ont sollicité la même liberté comme une grâce, et n'ont pu l'obtenir. Du théâtre des combats, les aumôniers ont suivi nos soldats dans la captivité. Ils ont soutenu les âmes et soulagé les douleurs. Prodigue de lui-même pour la patrie et pour ses défenseurs, le prêtre ne s'est-il pas imposé, comme tout le monde et peut-être plus que tout le monde, des sacrifices d'argent? Quel est l'appel de fonds auquel il n'ait pas répondu? N'a-t-il pas à son tour, par sa parole unie à l'exemple, provoqué parmi les peuples des souscriptions et des générosités de toute nature tantôt pour des travaux de défense, tantôt pour l'équipement de nos troupes improvisées, tantôt pour des acquisitions d'armes, tantôt pour secours aux blessés?

Dans les sentiments le patriotisme, inspiré par l'Église aux vrais catholiques, a-t-il été moins ardent et moins glorieux que dans les faits? Qui par hasard a été plus douloureusement affecté que lui de nos humiliations et de nos défaites? A-t-il jamais servi les desseins de la Prusse et tressailli de ses victoires? A-t-il jamais cessé d'être digne en présence du vainqueur? Quand les Prussiens ont fait un odieux usage du bombardement et de l'exaction, n'a-t-il pas suscité dans le cœur de nos évêques le courage d'aller jusque sous la tente de l'ennemi, réclamer au nom de la justice et de l'humanité? Ceux des vrais Chrétiens qui ne se sont pas jetés dans l'action, n'ont-ils pas fait des prodiges de prières et de pénitences, dans le monde et dans la solitude, pour intéresser le Ciel au sort de nos armes, et le déterminer à prévenir, à tempérer, ou du moins à abréger les maux de l'invasion? Et n'était-ce pas là encore une des formes les plus élevées et les plus utiles du patriotisme? Enfin malgré tous nos efforts, cette guerre désolante s'est terminée par l'annexion de l'Alsace et de la Lorraine à l'Empire d'Allemagne. En France, qui donc a souffert de ce démembrement plus que les véritables enfants de l'Église? Et dans ces provinces détachées elles-mêmes, croit-on qu'ils gémissent moins que d'autres sous le joug de l'étranger, et qu'ils gardent dans un cœur moins aimant et moins meurtri l'image de cette vieille patrie, aux entrailles de laquelle ils viennent d'être arrachés?

Non, jamais on n'a mieux vu peut-être qu'en nos jours malheureux, combien la foi sincère, convaincue, pratique, sait donner au patriotisme, et des racines profondes, et de sublimes délicatesses, et des inspirations généreuses ! Ceux qu'elle remplit n'ont figuré pour rien ni dans ces spéculations hideuses, ni dans ces marchés infâmes, ni dans ces lâches désertions, ni dans ces trahisons exécrables, dont tant de Français ont offert le spectacle au monde révolté. Ne les cherchez pas davantage parmi ces proconsuls de Septembre, dont le pouvoir impie, arbitraire et brutal a désolé le pays plus encore que ne l'a fait l'Allemagne, et multiplié, par ses dilapidations et ses folies, les dépenses naturellement énormes de la guerre et de l'invasion. Vous n'en surprendrez non plus aucun dans les rangs de ces révolutionnaires dont la haine jalouse s'est acharnée à faire parmi nous les affaires des Prussiens, et à verser plus de sang, à déchaîner plus d'incendies, à entasser plus de ruines dans la capitale,

que ne le firent dans le passé les diverses dévastations dont elle a gardé mémoire. L'Église n'en-
seigne à ses enfants ni le secret ni l'amour de ces
horribles félonies ; elle ne leur apprend qu'à
prier, à se dépouiller, à combattre et à mourir
pour la patrie.

XXXI. — *En apportant un surcroît d'honneur à
l'Église, les événements accomplis préparent la
conclusion du Concile du Vatican.*

Enfin, consolation plus haute et plus précieuse
que toutes les autres pour notre cœur de catholiques : c'est qu'au sein de nos malheurs et du
chaos où l'Europe est en ce moment plongée,
Dieu travaille à préparer une situation favorable
aux opérations dogmatiques et disciplinaires du
Concile, quand il pourra reprendre le cours inter-
rompu de ses labeurs.

Les gouvernements et les peuples, naguère
frappés de vertige, avaient perdu le sens du vrai,
la notion de l'honnête et jusqu'à l'instinct le plus

élémentaire de leur propre conservation. Enivrés les uns et les autres des erreurs les plus grossières en religion, en morale, en économie sociale, en politique, ils se sont autorisés de ces doctrines plus ou moins monstrueuses, pour accomplir des actes aussi scandaleux en eux-mêmes qu'ils devaient leur être funestes. N'ont-ils pas nié le surnaturel et la révélation? Ne se sont-ils pas moqués de toutes les religions positives? N'ont-ils pas, en particulier, traité le catholicisme et l'Église qui le représente sur le pied du Bouddhisme et du Coran? N'ont-ils pas permis à la théorie de la *morale indépendante* de faire son chemin? En politique n'ont-ils pas proclamé que le nombre et la force faisaient le droit, ou ce qui revient au même que le droit était primé par la force? N'ont-ils pas enseigné le système des grandes nationalités, horrible emprunt fait au paganisme où le puissant se faisait un jeu d'opprimer et d'engloutir le petit et le faible? Les faits ont été dignes des idées. C'est de là que sont sorties comme de leurs racines les deux effroyables unités de l'Italie et de l'Allemagne. C'est par cette cause que s'expliquent les tiraillements actuels de l'Autriche : pauvre empire dont les membres désunis tendent à se détacher les uns des autres, parce que l'hérésie et le rationalisme ont détruit le ciment divin qui les liait entre eux, c'est-à-dire la foi et l'attachement à l'Église. C'est encore de la même source qu'ont jailli nos révolutions intérieures et les vagues sanglantes dont elles se sont servies pour entraîner à l'abîme des trônes déshonorés par le scepticisme et la licence. Nations et pouvoirs, personne n'a voulu comprendre que la dépravation des esprits avec laquelle on sé jouait alors aboutirait indubitablement à ces fatales conséquences. On n'a tenu sur ce point aucun compte des condamnations et des présages partis du Vatican. Le *Syllabus* a fait horreur. On s'est obstiné d'autant plus à s'enfoncer dans les ténèbres que ce grand acte en dévoilait avec plus de clarté la profondeur et les périls, et les faux sages de tous les rangs ont fièrement compté sur l'expérience et l'application des doctrines foudroyées, pour démentir les anathèmes et les avertissements du Saint-Siége.

Aujourd'hui les événements ont parlé. La vérification des théories frappées par Pie IX est faite. Elles ont porté leurs fruits de mort. Tout ce que nous avons vu de félonies et d'usurpations commises par les souverains et les révolutionnaires leurs complices, leurs instruments et leurs amis, tout ce que nous avons vu et voyons encore de bouleversement, de désordre et d'instabilité dans l'état social, tout cela commence à paraître ce qu'il est, c'est-à-dire l'effet de ces mille poisons d'erreur dont on était si follement enivré. Certains esprits même très-égarés s'éclairent. Encore quelques crises, encore quelques ruines, et l'on comprendra que le *Syllabus* était un phare salutaire dont les feux, s'ils avaient été pris pour guides, nous auraient préservés des écueils où nous sommes allés échouer. Quand cette dernière lumière sera faite, le Concile pourra venir à son tour, avec la solennité de ses jugements, réprouver sous forme de décrets les impiétés et les folies déjà flétries par les Encycliques et les Allocutions de Pie IX. Et ces grandes décisions auront alors un accueil facile dans le monde.

Leur sagesse et leur à-propos seront prouvés même aux yeux des plus prévenus par les effroyables commotions qui viennent et menacent encore d'ébranler et d'ensanglanter l'Europe. Ce sera là comme un service doctrinal rendu par nos malheurs au Concile et à la raison publique.

Autre bienfait providentiel de nos désastres. Voici bien des années qu'une crise s'annonçait pour les sociétés européennes. Pour notre part nous en avions signalé les symptômes et prédit l'explosion dans une de nos lettres pastorales[1]. A ce pressentiment nous avions ajouté celui que la guerre seule pourrait trancher les questions posées, les difficultés soulevées par la folie commune des gouvernements et des peuples ; et qu'après cette grande mêlée, les nations reprendraient un équilibre plus ou moins durable, à l'ombre de leurs constitutions, de leurs lois et de leurs frontières plus ou moins remaniées par le fait des collisions et des secousses qui les auraient agitées. Cette perspective se montrait à nous avec

---

1. Lettre sur la *Crise de transformation sociale que traverse le monde* (7 octobre 1866).

le caractère d'une entière certitude, et nous restions également convaincu que les événements destinés à la vérifier s'accompliraient avant la conclusion du Concile œcuménique. Il nous semblait indispensable qu'il en fût ainsi, pour que cette auguste assemblée pût faire convenablement la seconde moitié de sa tâche, c'est-à-dire les opérations et les décrets se rattachant au droit et à la discipline ecclésiastiques.

C'est bien ainsi que la Providence a conduit les choses. Certes, ni le ciel n'est entièrement éclairci, ni la situation n'est complétement fixée, pas plus en France que dans la plupart des États qui nous entourent. Bien des éléments de désordre fermentent encore, et probablement ils ne s'apaiseront point, et surtout ils n'abdiqueront pas sans avoir fait subir, au moins passagèrement, à la société de nouvelles convulsions. Mais malgré cela, malgré les quelques bruits sourds qui persistent à gronder comme une menace, les flots tendent à se calmer ; les forces sociales se reconstituent ; le vaisseau se relève ; un dernier souffle de Providence achèvera de lui rendre une marche ferme et facile sur les ondes pacifiées : *Et statuit procellam ejus in auram, et siluerunt fluctus ejus*[1].

Le Concile se rassemblera de nouveau. En même temps qu'il trouvera les esprits mieux disposés pour recevoir ses définitions dogmatiques, il rencontrera l'ordre social mieux fait pour s'accommoder à ses constitutions disciplinaires. S'il avait établi des lois avant la crise, elles eussent été peut-être emportées par les bouleversements du lendemain ; venant après, c'est-à-dire quand la tempête sera pleinement apaisée, elles pourront mieux s'ajuster à l'organisme des peuples modifié par la tempête elle-même ; se mouvoir parallèlement avec lui sans choc et sans embarras ; jouir enfin comme lui de cette immutabilité séculaire, qui fait la force principale et la plus haute majesté des législations d'ici-bas. Nous verrons ainsi se reproduire ce qui se fit à la suite du Concile de Trente. L'Europe, au moment où il dut se tenir, était travaillée par le

____

[1] *Psalm.*, CVI, 29.

protestantisme, comme nous le sommes aujour-
d'hui par le rationalisme. Il fut obligé, par suite
des ébranlements politiques, de se déplacer et
par intervalles de suspendre le cours de ses opérations. Mais degré par degré les orages tombè-
rent ; on vit les États s'encadrer et se reposer
dans des formes précises et stables ; et les Pères
de Trente à leur tour fondèrent ce corps admirable
de dispositions et de règlements, qui forme la
substance du nouveau droit ecclésiastique, et
demeure encore intact et debout, après plus de
trois siècles, dans l'ensemble de l'Église catholique. Le Concile du Vatican aura le même honneur ;
et ce sont les commotions auxquelles nos désastres ont donné le branle qui auront préparé le
terrain sur lequel devra s'élever ce grand et
durable ouvrage.

CONCLUSION

Il est donc bien vrai que si Dieu nous a fait boire une liqueur amère dans la coupe de ses vengeances, il nous a permis de trouver quelque peu de miel au fond du vase que nous a présenté sa justice. Catholiques et Français, nous avons horriblement souffert dans notre patriotisme et notre foi ; l'un et l'autre ont aussi recueilli des consolations qui ne sont pas sans importance et des espérances qui ne sont pas sans prix. Entre ces coups formidables de la colère et ces sourires encourageants de la miséricorde, qu'avons-nous à faire, si ce n'est de répéter les accents pieux que les *Livres Saints* attribuent à Tobie ? Ce juste, digne d'appartenir à l'âge patriarcal, était captif en Assyrie ; et voilà qu'un jour, au déclin de ses années, il ouvrit la bouche et prononça des paroles qui vont, avec un parfait à-propos, à notre situation si mêlée d'ombre et de lumière. « O fils d'Israël, s'écria-t-il, rendez hommage au Seigneur et louez-le en présence des nations ! Il nous a châtiés à cause de nos iniquités, et il nous sauvera par l'inspiration de sa miséricorde. Examinez de près ce qu'il a fait contre nous, et courbez-vous devant Lui avec crainte et tremblement ; exaltez en Lui par vos œuvres le Roi immortel des siècles. Pour ma part je veux, sur la terre de ma captivité, proclamer qu'il a fait éclater sa majesté contre une nation pécheresse. Convertissez-vous, pécheurs, pratiquez la justice devant Dieu, et croyez alors qu'il vous rendra les faveurs de sa miséricorde[1]. » Ainsi parlait Tobie.

O France ! entends la voix de Rome et celle de l'Église qui t'adressent le même langage : « Jéru-

_____

1. *Tob*., XIII, 3, 5-8.

salem, cité de Dieu, te disent-elles, le Seigneur t'a frappée pour les œuvres perverses accomplies par tes mains. Adore-le de concert avec tous les justes que tu portes dans ton sein, bénis le Dieu des siècles, afin qu'il rétablisse en toi son antique demeure[1]. » Patrie bien-aimée, ne résiste pas à cette invitation qui doit te rendre et la vie et l'honneur. Rassemble avec empressement tous tes fils sous l'aile de leur Dieu. Obtiens d'eux qu'ils regrettent et réparent les fautes par lesquelles ils l'ont outragé. Et alors sur ton front, aujourd'hui chargé de nuages, reparaîtra la lumière; les nations qui te plaignent maintenant et te fuient reviendront, comme autrefois, de loin contempler ta grandeur[2]; la paix qui te sera rendue fera celle du monde. Et nous, heureux témoins de cette glorieuse et sereine résurrection, après avoir été les censeurs de tes désordres et les prophètes de tes malheurs, nous nous écrierons dans le transport d'une joie tout ensemble religieuse et patriotique : « O mon âme, bénis le

1. *Id.*, *ibid.*, II, 12.
2. Tob., *ut supra*, 13, 14.

Seigneur, parce qu'il a délivré Jérusalem, cette cité qui lui est redevenue chère, de toutes les tribulations dont il l'avait accablée : *Anima mea, benedic Dominum, quoniam liberavit Jerusalem civitatem suam a cunctis tribulationibus ejus*[1]. »

1. Tob., *ut supra*, 19.

PARIS. — IMP. VICTOR GOUPY, RUE GARANCIÈRE, 5.